Foto: © Paul Thewellis

Dieter Kühn wurde 1935 in Köln geboren. Noch während seines Studiums begann er eigene Texte zu schreiben. 1964 entschied er sich für den Beruf des freien Schriftstellers, obwohl er ursprünglich einmal Lehrer werden wollte. Neben vielen Hörspielen für den Rundfunk schreibt er Theaterstücke, Essaysammlungen, Romane, Biografien und nicht zuletzt Kinderbücher.

»Wer für Kinder erzählt, hat es nicht leichter als einer, der für Erwachsene erzählt. In mancher Hinsicht hat er es sogar schwerer, denn Kinder geben keinen Rabatt. Wenn ihnen ein Buch nicht ganz schnell gefällt, so lesen sie es nicht weiter, Punkt. Kinder sind ein besonders forderndes Publikum – und sie können ein besonders dankbares Publikum sein. Manchmal traue ich mich, für dieses Publikum zu schreiben. Und dann tue ich es sehr gern. Denn ich schreibe dabei auch für das Kind, das noch in mir steckt.«

Unter dem Titel ›Achmeds Geheimsprache‹ ist eine frühe Fassung dieses Buches 1976 bei Middelhauve erschienen.

Margit Pawle, geboren 1946, Grafikstudium in Wien, lebt als Illustratorin in München. Sie hat schon viele Kinderbücher illustriert, so auch ›Es flog ein Pferd ins Abendland‹ (Band 80009), den ersten Titel von Dieter Kühn im Programm der Fischer Schatzinsel.

Prinz Achmed und die Pferde des Sultans. Prinz Achmed ist schrecklich einsam. So einsam, wie nur Prinzen sein können, die irgendwann einmal Sultan werden müssen. Nie darf er mit den anderen Kindern spielen. Und in die Schule darf er auch nicht mit ihnen gehen. Es ist schrecklich langweilig im Palast. Und sein Vater, der Sultan Suleman, hat nie Zeit für ihn. Wenigstens mit seiner Mutter Munya versteht er sich. Aber sie ist so unglücklich, daß sie eines Tages verschwunden ist. Es gehen Gerüchte um, sie lebe nun in einem fernen Land.
Die einzigen Freunde Achmeds sind die Pferde. Sie hören ihm zu, verstehen ihn, geben ihm Wärme und Geborgenheit. Er lernt ihre Sprache, ihre Gebärden, schläft auf Stroh, ernährt sich von Hafer. Und so kommt ihm eines Tages eine kühne Idee…

Dieter Kühn

Prinz Achmed und die Pferde des Sultans

Mit Bildern von
Margit Pawle

Fischer Taschenbuch Verlag

Fischer Schatzinsel
Herausgegeben von Klaus Humann

Originalausgabe
Veröffentlicht im Fischer Taschenbuch Verlag GmbH,
Frankfurt am Main, Februar 1996

Gesamtherstellung: Clausen & Bosse, Leck
Printed in Germany
ISBN 3-596-80111-7

Gedruckt auf chlor- und säurefreiem Papier

Prinz Achmed
und die Pferde des Sultans

»Schnell! Komm schon! Die große indische Schildkröte schwimmt im Becken!« Sofort springt Achmed vom Hocker auf, läuft zu seiner Mutter, die ihn an der Tür heranwinkt. Sie nimmt ihn rasch in die Arme, und gleich gehen sie los, durch einen der langen Flure des Palastes. »Eigentlich sollst du nicht mit dabei sein, aber weißt du was? Wir stellen uns einfach zu den hohen Herren!«

Achmeds Mutter trägt ein blaues Kleid aus Seide, das bis zu den Füßen reicht, und die stecken in vergoldeten Sandalen. Blau ist auch der Gürtel, der das Kleid engzieht. Auf diesen Gürtel sind Silberverzierungen genäht, mit leuchtenden Edelsteinen. Silber und Perlen auch in ihrem schwarzen Haar.

Sie erzählt, was ein Diener dem Jungen schon berichtet hat: »Der große Maharadscha ist angekommen, auf seinem Schiff! Und gleich als erstes wurde in einer silbernen Wanne die Schildkröte vom Hafen hierher gebracht. So etwas wie diese Schildkröte hat die Welt noch nicht gesehen!«

Mehr verrät seine Mutter nicht, während sie durch die Flure eilen. Es gibt offenbar viele im Palast, die der

Wunderschildkröte nicht zuschauen dürfen: Diener und Wächter, Wesire und Offiziere.
Die meisten tragen einen Dischdasch, das lange morgenländische Leinengewand. Viele Sandalen, zwischendurch auch mal Schnabelschuhe. Und Pluderhosen, Turbane, Pelzkragen, rote Filzkappen. Alle im Flur neigen zum Gruß den Kopf vor der Frau des Sultans und ihrem Sohn, rufen ihnen gute Wünsche zu, im Namen Allahs.
Das Herz des Jungen schlägt rasch. Seit fast einem Jahr ist am Hof vom bevorstehenden Besuch des indischen Großfürsten gesprochen worden. Und einige Monate zuvor haben sieben indische Boten dem Sultan einen Brief des Maharadschas überbracht. In diesem Schreiben stand auch, man möge ein Becken anlegen für ein ganz besonderes Meerestier, das der Maharadscha in einem Wasserkasten auf Deck des Segelschiffs mitbringen werde. Rechtzeitig hat man einen der drei Innenhöfe des Palastes umgebaut in eine Säulenhalle mit kreisrundem Becken in der Mitte.
Achmeds Mutter geht eine Abkürzung. Sie durchqueren das Schlafzimmer des Sultans. Mitten im weiten, hohen Raum sein Bett. Die Wände bestehen aus farbig glasierten Ziegeln. Eine Wasserpfeife steht bereit auf einem kleinen Tisch aus Rosenholz und Kristall. Eine Schriftrolle liegt vor einem geöffneten Fenster; draußen rascheln Palmwedel.
Sie durcheilen ein kleineres Zimmer, betreten durch einen Nebeneingang den überdachten Innenhof. Zuerst sieht Achmed nur blaue Säulen und weiße Rücken. Die

Herren stehen Schulter an Schulter; sofort aber machen einige Großwesire und Wesire der Frau und dem Sohn des Sultans Platz.
Und der Junge sieht zum ersten Mal den Gast aus dem fernen Indien. Hinter ihm zwei Männer, die riesige Fliegenwedel aus Pfauenfedern schwenken. Achmed winkt seinem Vater zu, der aber macht ein strenges Gesicht und nickt bloß mal. Er steht dort als Suleman Ibn Suleman und nicht als Vater – schließlich haben sie hohen Besuch!
Der Fürst aus Indien ist beinah einen Kopf größer als der Sultan. Das Gesicht des Besuchers ist hellbraun, sein Schnurrbart schmal. Auf seiner Stirn ein schwarzer Punkt. Er trägt einen roten Turban, einen schwarzen, eng anliegenden Mantel mit reichen Goldstickereien, eine weiße Hose, perlenbesetzte Schuhe. Am Gürtel hängt ein Krummschwert in silberner Scheide, auf der Dutzende von Edelsteinen schimmern.
Achmeds Vater sieht neben diesem großen schlanken Fürsten sehr breit, sehr kräftig aus. Die Brauen sind doppelt so dick wie die seines Gastes, der Schnurrbart ist doppelt so mächtig. Kein Punkt auf seiner Stirn. Er trägt, sehr bescheiden, einen blauen Dischdasch.
Offenbar ist es Sultan Suleman nicht recht, daß sein Sohn ihn anstarrt und mit dem Besucher vergleicht, er schaut noch strenger drein. Auf seiner Stirn wird eine Ader dicker. Und der Maharadscha? Er scheint den Jungen gar nicht wahrzunehmen, auch nicht die Mutter.

Achmed reißt den Blick los vom Vater, vom hohen Besucher, von den beiden Fliegenwedlern, schaut zum kreisrunden Becken. Und

dort schwimmt sie, die große indische Meeresschildkröte!

Die Schildpattflächen des Rückenpanzers sind poliert. Auf dem dunklen Rot große Edelsteine in goldenen Fassungen. Einige sind türkisgrün, andere leuchten im Blau des Lapislazuli. Auch schimmern dort Perlen, größer als Erbsen.

Allein schon diese Edelsteine auf dem Rückenpanzer geben dem Gastgeschenk ganz besonderen Wert. Aber indische Goldschmiede haben noch ein Wunderwerk vollbracht; es sieht aus, als wäre eine goldene Kobraschlange von hinten her ein Stück auf den Rückenpanzer der Schildkröte hinaufgekrochen, um dort ihr Haupt zu erheben. Und das siebenfach. Auf sechs der goldenen Kobraköpfe blitzen kleine Diamantkronen; auf dem Kobrakopf in der Mitte eine dicke schwarze Perle.

Sobald die Schildkröte ein Stück unter dem Wasserspiegel schwimmt, ragen nur noch die sieben goldenen Köpfe der Kobraschlange heraus. Und das sieht dann gefährlich aus – schließlich ist die Kobra die größte aller Giftschlangen.

Keiner in der Säulenhalle spricht ein Wort. Lautlos paddelt die Meeresschildkröte umher mit ihren großen Vorderflossen. Um das kreisrunde, weite Becken sind zweiundsiebzig Ölleuchten aufgestellt; in ihrem Licht schimmern die Kobraköpfe rotgold.

Nach mehreren Minuten allgemeinen Schweigens nicken Sultan und Maharadscha sich zu: die Betrachtung der Schildkröte ist beendet.
Mutter und Sohn gehen zum Sultan und seinem Gast. Sie verbeugen sich tief vor Ischwari Sajadschi Prasad Mansa Madhu Mahip Singh, Herrscher eines großen Fürstentums. Der reicht Prinz Achmed eine kühle Hand mit mehreren Ringen; auf einem von ihnen schimmert ein riesiger Diamant.
Der Sultan stellt nun seine Frau vor: Munya, Tochter des Kalifen al-Muammal Ibn Amyal al-Muharibi. Sobald er diesen ziemlich langen Namen hört, schaut der Maharadscha ein wenig freundlicher drein, ja, es ist beinah ein Lächeln zu sehen, während er den Kopf mit dem roten Turban neigt. Der ist mit Silberarbeiten geschmückt; seitlich hängt eine dicke Quaste von Perlenschnüren herab, die leicht pendelt, während er einige höfliche Worte zur Gemahlin des Gastherrn sagt. Sultan Suleman Ibn Suleman aber schaut weiterhin gestreng drein.
Munya geht mit ihrem Sohn zurück zu seinem Zimmer. Lächelnd schaut sie ihn an – ihre Augen sind so dunkel, daß kaum zu erkennen ist, wo die Pupillen aufhören. »Du hast es gemerkt – deinem Herrn Vater war nicht recht, daß wir uns zwischen die hohen Herren ge-

drängt haben. Aber immerhin bin ich die Tochter eines Kalifen, und das hat auf den Maharadscha Eindruck gemacht. Außerdem habe ich mir gedacht: Mein Achmed muß das so bald wie möglich sehen. Und jetzt ist Suleman ein bißchen böse. Aber er wird es rasch vergessen. Er ist glücklich über den Besuch aus dem fernen Indien. Und er freut sich sehr über das Gastgeschenk. So etwas hat man hier noch nie gesehn: eine Schildkröte mit dem siebenfachen Haupt einer Kobra!«
Achmed nickt. Leise klatschen seine Sandalen auf die Kalksteinplatten des langen Flurs. Und es bauscht sich seine violette Pluderhose. Und locker die violette Weste über dem bestickten Hemd.
»Der Maharadscha will übrigens hierbleiben, bis der Vollmond über diesem Land, über unserer Stadt zum zweiten Mal aufgegangen ist.«
Vor Achmeds Zimmer bleiben sie stehen. »Ich muß gleich weiter«, sagt sie. »Ich darf am Festmahl der hohen Herren teilnehmen. Aber nur versteckt, wie das die Gesetze des Hofes verlangen. Ich werde mit einigen Damen an einem Tisch sitzen, der hinter einer Abschirmung steht, einem hölzernen Gitterwerk. So können wir alles sehen und hören, was im Saal geschieht. Und das möchte ich nicht versäumen. Allah sei mit dir, auch diese Nacht.«
Sie beugt sich vor, küßt Achmed auf die Stirn. Und er nimmt einen kleinen Duft von Nelke wahr. Schon eilt Munya fort.

Vom dritten Tag an sind der Sultan und der Großfürst beinah ständig auf Jagd. Sie brechen auf in der kühlen Stunde des frühen Morgens.
An der Spitze der Jagdgesellschaft der Oberjäger, der den Weg zeigt. Gleich hinter ihm die beiden Herrscher auf edlen arabischen Pferden – der Sultan hat seinem Gast einen schneeweißen Hengst geschenkt. Den beiden Herren folgt der Übersetzer; der muß in dieser Zeit vor allem die Sprache der Jäger, des Waidwerks beherrschen. Es schließen sich zahlreiche Herrschaften an vom Hof des Sultans und aus dem Reisegefolge des Maharadschas. Hinter ihnen Jagdhelfer; sie tragen die Bögen und Pfeilköcher und Jagdschwerter und Jagdspeere der Herren. Es folgen Treiber mit mächtigen Molosserhunden an starken Lederleinen. Zuletzt die Sklaven; auf einer kleinen Karawane von Eseln werden Speisen und Getränke transportiert.
Sobald die Jagdgesellschaft zurückkehrt, wird in einem Innenhof des Palastes ausgebreitet, was erlegt worden ist: die *Strecke*. Das sind in den ersten Tagen vor allem wilde Enten, wilde Gänse, das sind Reiher, Ibisse, Kraniche aus den weiten Schilfgebieten, die südwärts den Fluß begleiten. Zur Jagd im Schilf müssen die Herren in Boote steigen, die aus dicken Schilfbündeln bestehen – mit Pfeilen wird dann auf Wasservögel geschossen, die in die Höhe fliegen.
Nach wenigen Tagen sieht die *Strecke* freilich anders aus: keine Wasservögel mehr, nur noch Landtiere. Denn in den Schilfgebieten jagt der Maharadscha nun nicht mehr so gern: dort kann er nicht lange genug im Sattel

seines weißen arabischen Pferdes sitzen. Außerdem werden ihm die vielen Mücken lästig, die im Schilfwald umhersirren.
So werden denn statt der Wasservögel getötete Gazellen und Antilopen, Wildpferde und Wildstiere auf den Boden des Innenhofes gelegt. Zuweilen liegt dort auch ein Vogel Strauß und einmal sogar ein Löwe.
Achmed und seine Mutter bestaunen die mächtige Mähne, die riesigen Pranken. Der Sultan und sein Jagdfreund stehen bei diesem erlegten »König der Tiere« und lassen sich bewundern. Der Maharadscha sieht nun ganz anders aus als am Tag seiner Ankunft: er trägt keine Ringe mehr, weil die lästig sind beim Pfeilschießen und Speerstechen, und seine Haut ist dunkler von Schweiß und Staub. Freundlich lächelt er dem Jungen zu und berichtet der Frau des Sultans mit lauter Stimme: Er und der Sultan haben vom Sattel aus mit Pfeilen den Löwen erschossen, und als er getroffen war, wurde er besonders gefährlich, er griff sie an, und er, der Maharadscha, erlegte ihn mit einem Speerstoß. Und der hohe Gast zeigt Blutspritzer auf seinem Gewand: so nah ist der Löwe an ihn herangekommen…!
Dieser eine Löwe scheint dem Maharadscha aber nicht zu genügen. Und wichtig werden ihm nun Tiere, die besonders schnell sind: Antilopen, Gazellen, der Vogel Strauß. Bei der Jagd auf diese Tiere muß der Maharadscha oft lange Strecken galoppieren, das mag er ganz besonders. Zu Hause, zwischen Jodhpur und Jaipur, ist das Jagen sehr viel langsamer, so erzählt er gutgelaunt, dort wird nämlich nur von Elefanten aus gejagt: er

hockt im Hochsitzkasten auf dem Elefantenrücken und wirft Speere hinab auf Tiger. Wie langsam aber wuchtet sich meist so ein Elefant dahin, und wie schnell ist ein arabisches Pferd!

Die Jagdausflüge führen schließlich so tief ins Land hinein, daß die Herren draußen übernachten wollen. So wächst die Eselkarawane, denn nun werden auch Zelte mitgenommen, feinste Seidenzelte. Und es müssen noch mehr Speisen und Getränke mitgeführt werden. Mit mächtigem Geschrei bricht diese Jagdgesellschaft auf; die Molosserhunde bellen aufgeregt und zerren an den Lederleinen.

Einige Männer aus dem Gefolge des Maharadschas nehmen an den Jagden nicht teil. Das sind erst mal die beiden Fliegenwedler – die kann der Großfürst bei der Jagd nicht brauchen, die würden mit den riesigen Wedeln nur das Wild verscheuchen. Sie dürfen aber nicht untätig bleiben, also müssen sie in einem Saal stehen und den abwesenden Maharadscha bewedeln. Weil aber keiner nach ihnen schaut, machen sie es sich bald bequem und bewedeln lässig sich selbst.

Auch der Hofastrologe aus Indien bleibt im Sultanspalast. Er läßt eine breite Holztreppe bauen, von drei mal sieben Stufen. Wozu die Treppe gebraucht wird, ist allen ein Rätsel.

Und noch einer nimmt nicht teil an den Jagden: Akbar

der Elefantenmaler. Er hat nun besonders viel Zeit. Damit er sich nicht zu sehr langweilt, läßt ihn Frau Munya zum Tee einladen. Achmed darf mit dabei sein. »Schließlich muß ich einen Mann an meiner Seite haben«, sagt sie und zieht Achmed rasch an sich heran. Sie empfängt den Besucher in ihrem hohen, weiten Raum, dessen Wände ebenfalls aus farbig glasierten Ziegeln bestehen.
Die Augen des Elefantenmalers leuchten auf, als er die schöne Frau des Sultans begrüßt. Und er lächelt dem Jungen zu. Sie setzen sich auf kleine Hocker. Dienerinnen tragen Tee heran, kandierte Früchte.
Mit einem tiefen Lachen erzählt der Gast, sie hätten vor der Reise gedacht, auch im Reich des Sultans gäbe es Elefanten, und so haben sie die riesige golddurchwirkte Satteldecke und die vergoldete Sitzbank mitgenommen für einen festlichen Ritt des Maharadschas auf einem Elefanten. Wie groß aber war ihr Staunen, als sie erfuhren, daß im Land der beiden Flüsse kein einziger Elefant frei herumläuft, daß es auch keinen gezähmten Elefanten gibt. »Kein einziger Elefant«, ruft Akbar und lacht mit tiefer Stimme. »Also habe ich die Kisten und Kästen mit Farbe umsonst mitgebracht.«
Mutter und Sohn verstehen nicht, wozu er ganze Kisten voller Farbe braucht, wenn er Elefanten malt – sind seine Bilder denn so groß?!
Akbar lacht wieder. »Nein, ich male keine Elefanten, so wie man Blumen malt oder Kinder oder Herrscher, ich male Elefanten *an*, lebende Elefanten! Das heißt genauer: ich bemale den Lieblingselefanten des Mahara-

dschas, bevor der bei einem Fest durch die Stadt reitet, von allen bejubelt.«

Damit man ihm auch Glauben schenkt, bittet er Munya, aus seinem Zimmer im anderen Flügel des Palastes einige der Kästen und Kisten mit Farbe holen zu lassen. Sofort schickt Munya einen Sklaven mit diesem Auftrag hinaus.

Während sie auf die Farben warten, erzählt Akbar, daß er den Lieblings-Reitelefanten des Maharadschas nicht nur bemalt, sondern auch schmückt. Zum Beispiel die Stoßzähne: deren Spitzen sind abgesägt, weil die sonst zu gefährlich wären, und so schiebt er goldene Kappen auf das Elfenbein.

Unter den goldenen Sitz des Maharadschas läßt er einen prachtvollen Teppich legen, der zu beiden Seiten tief herabhängt, läßt an Teppichfransen Glocken aufhängen, damit man den Elefanten auch gehen hört. Der tritt nämlich sehr leise auf, weil er so empfindliche Fußsohlen hat. Die Sohlenhaut fühlt sich weich an wie Samt – er hat sie mal bei einem liegenden Elefanten befühlt. Wenn die Elefanten zu weit laufen, oder wenn der Boden zu heiß ist, können die Füße sich schon mal entzünden, da muß man aufpassen...

Inzwischen sind mehrere Sklaven hereingekommen mit Kisten und Kästen, haben sie abgestellt. Sie müssen die Holzdeckel aufstemmen. Eine der Kisten ist mit dunkelblauem Farbpulver gefüllt, eine mit hellgrünem. Mit dem Blau bemalt er meist die riesigen Ohren des Reitelefanten, mit dem Grün den Rüssel. Und Akbar läßt zwei kleinere Kisten öffnen: sie enthalten Rot und Vio-

lett. Mit dem Rot werden vor allem die Füße des Elefanten bemalt, mit dem Violett wird der Schweif gefärbt.
Achmed mustert genau die Farben. Dann fragt er: »Gibt es im Land des Maharadschas nicht auch Weiße Elefanten? Wären die nicht sehr praktisch zum Bemalen?«
Akbar lacht auf. »Ich spreche hier ja fast mit einem Elefantenkenner! Ja, es gibt auch Weiße Elefanten, aber erstens sind die sehr selten, und zweitens sind die gar nicht weiß. Weiße Elefanten heißen nur Weiße Elefanten, sind aber nicht richtig weiße Elefanten...«
Und wieder lacht er, mit tiefer Stimme, und es bilden sich zahlreiche Fältchen in den Augenwinkeln. Munya lächelt, und es zeigen sich schöne, weiße Zähne. Auf die scheint der Elefantenmaler zu blicken, während er weiterspricht. Natürlich hat er sich schon oft gewünscht, es gäbe richtig weiße Weiße Elefanten, auf denen würden die Farben viel stärker leuchten. Deshalb grundiert er vor ganz besonderen Festen den Lieblingselefanten des Maharadschas, bemalt ihn also weiß, läßt das Weiß antrocknen, und dann kommen die anderen Farben an die Reihe. Manchmal, wenn er so richtig in Schwung kommt beim Bemalen des Elefanten, da wünscht er sich nicht nur den *einen* Rüssel, sondern gleich sieben Stück – alle hintereinander zwischen dem vordersten Rüssel und dem Maul. Solche Elefanten hat er auf Bildern schon mal gesehen, aber das sind dann heilige Elefanten aus frommen Texten. Wenn es einen richtig lebendigen Elefanten mit sieben Rüsseln gäbe, so würde er die bemalen in den Farben

eines Regenbogens, wie der zur Regenzeit schon mal aufleuchtet. Als erster der Rot-Rüssel, dann als zweiter der Orange-Rüssel, als dritter der Gelb-Rüssel, als vierter der Grün-Rüssel, als fünfter der Blau-Rüssel, als sechster der Indigo-Rüssel und als siebter der Violett-Rüssel.

»Hoho, ein Elefant mit Regenbogen-Rüsseln, das wäre mein Traum! Zumindest bei Elefanten. Ich habe aber zuweilen auch ganz andere Träume…«
Er lacht wieder auf mit seiner tiefen Stimme, und Munya lacht mit, ein wenig tiefer als sonst. Die Teeschalen werden von der Dienerin aufgefüllt.

Weil Akbar der Elefantenmaler nicht alle Farben wieder nach Indien zurückbringen will, läßt er am nächsten Tag die Kiste mit Blau hinaustragen in den weiten Garten hinter dem Palast. Am Teich mit den Wasserrosen, den Zierenten und den Flamingos setzen Sklaven die Kiste im Schatten einer Zeder ab. Sogleich werden zwei Teppiche ausgerollt: einer für Munya und Achmed, der andere für den Gast. Für Achmed wird Granatapfelsaft in eine Schale gegossen, die Erwachsenen trinken mal wieder Tee.

Die Sklaven müssen die Farbkiste öffnen. Danach stellen sie sich am Rande des Zedernschattens auf, denn es wird erst einmal in Ruhe geschlürft auf beiden Teppichen. Und Akbar berichtet, daß er Elefanten nicht nur schmückt und bemalt, sondern auch die Farben herstellt. »So, aber jetzt sollten wir uns den Flamingos zuwenden. Sie haben so schöne lange Beine...«

Munya weist die Diener an, Flamingos einzufangen. Die Sklaven platschen im Wasser umher, fangen Flamingos ein, tragen sie in den Zedernschatten. Dort werden die dünnen Beine abgetrocknet, und Akbar bemalt sie. Kaum sind die Flamingos wieder im Wasser, löst sich das Blau ab – bald darauf stehen sie mit roten Beinen in blauen Wasserschlieren.

Akbar kann darüber nur lachen. Achmeds Mutter stimmt in dieses Lachen mit ein, lacht immer lauter, muß sich schließlich am Arm des Elefantenmalers festhalten vor Lachen. Der Junge findet das alles nicht ganz so komisch, doch er lacht höflich mit.

Sie nehmen wieder Platz auf den Teppichen. »Das war ja nun eine schöne Panne«, gesteht Akbar. »Das kommt davon, daß ich mich nie darum gekümmert habe, wie die Farben vom Elefanten wieder runterkommen. Sowas macht nämlich der Elefantentreiber.«

Und sie trinken Tee und Saft und naschen kandierte Früchte.

Als der Vollmond aufsteigt über dem Land an Euphrat und Tigris, lädt der Maharadscha zur indischen Mondfeier ein.
Sobald es dunkel ist, steigen Sultan und Maharadscha auf die Dachterrasse des Palastes, gefolgt von Anhang und Gästen. Alle sind sie in Weiß gekleidet, nur in Weiß. Auch Achmed: er hat weiß gefärbte Sandalen an, eine weiße Pluderhose, ein weißes Hemd, eine weiße Weste; ein weißer Turban ist um sein dichtes schwarzes Haar gewickelt. Achmeds Mutter trägt ein weißes Leinenkleid. Auf ihrer Stirn ein schmaler Silberreif mit Perlen. Mondweiße Perlen auch in ihrem schwarzen Haar.
Den Sultan und seinen Freund aus Indien umhüllt das allerweißeste Weiß; sein Glanz ist verstärkt durch eingewebte Silberfäden. Unter vielen anderen Herren ist auch Akbar der Elefantenmaler mit dabei, ebenfalls von Kopf bis Fuß in Weiß.
Während alle Platz nehmen auf Teppichen und Matten, tragen sechsunddreißig Diener zweiundsiebzig Vogelkäfige aus Bambus aufs Dach, und zweiundsiebzig kleine indische Nachtigallen tirilieren, jubilieren.
Achmed sitzt neben seiner Mutter. Es ist still in der Stadt, weil der Sultan das so befohlen hat, es ist still auf der Dachterrasse, weil der Maharadscha das so

wünscht. Unter dem Vollmond singen die Nachtigallen. Achmeds Mutter legt ihre rechte Hand auf ein Knie des Jungen. Sie hat sich sogar die Fingernägel weiß gefärbt, perlweiß.
Längere Zeit sitzen die Herrschaften, stehen die Diener auf dem Dach. Und der Vollmond schwebt über den fernen Bergen im Osten, über der Ebene, über der Stadt, über dem Palast, über den Damen und Herren in Weiß. Als von der Küche des Palastes immer köstlichere Düfte aufsteigen, nicken Gastherr und Gast sich zu; gleichzeitig erheben sich der Sultan und der Maharadscha, steigen hinab. Alles folgt ihnen.
Auf der Treppe spricht Munya leise zu ihrem Sohn. »Was ist eigentlich nützlicher – die Sonne oder der Mond? So wurde mal ein weiser Mann gefragt, und er gab folgende Antwort: Der Mond ist nützlicher als die Sonne. Man fragte den weisen Mann: Weshalb? Und er gab zur Antwort: Weil wir in der Nacht das Licht viel nötiger brauchen...« Munya lacht auf, und ihr Lachen klingt etwas tiefer als sonst.

Vierzehn Tage später, zur Zeit des Neumonds, blicken der Maharadscha und sein Freund, der Sultan, gemeinsam in den Sternenhimmel. Die Holztreppe, die der indische Astrologe bauen ließ, sie führt nun vom Dach des Palastes die dreimal sieben Stufen in die Luft. Ganz oben, auf kleiner Plattform, stehen Suleman Ibn Suleman und Ischwari Sajadschi Prasad Mansa Madhu Ma-

hip Singh dicht nebeneinander, schauen durch Röhren zu den Sternen, nennen die Namen von Sternbildern. Der Großfürst aus Indien kennt sehr viel mehr Sternbilder als der arabische Herrscher – dabei muß der Maharadscha kaum mal nachfragen bei seinem Astrologen, der hinter ihm steht, eine Stufe tiefer.
Lange verharren der schlanke und der breite Mann auf der Treppe, beide in Weiß wie bei der Mondfeier. Nachdem sie alle Sternbilder benannt haben, die sie kennen, sagen sie nichts mehr, schauen nur noch durch die armlangen Röhren. Die sind innen leer, aber sie helfen ihnen, sich auf einen Stern, auf ein Sternbild zu konzentrieren. Auch der indische Astrologe hält eine Röhre vor das rechte Auge.
Schließlich beginnt er zu sprechen. Er hat Zeichen in den Sternen entdeckt, schlimme Zeichen für einen mächtigen Herrn. Er kann allerdings nicht erkennen, *welcher* Herrscher von den Sternen gemeint ist.
Darauf sagt der Sultan höflich: »Das kann nur heißen, daß *ich* gemeint bin.« Der Maharadscha aber ist sicher, daß die Vorzeichen ihm gelten. »Nein«, ruft der Sultan auf der Sternentreppe, »wenn diese Zeichen über meinem Land zu sehen sind, so steht mir etwas Schlimmes bevor.« Der Maharadscha aber bleibt davon überzeugt, daß *ihm* eine Gefahr droht.
Noch auf der Holztreppe überlegt er, was geschehen könnte. Will man zu Hause seinen Lieblingselefanten töten? Will man seine dreitausendachthundert Nachtigallen fliegen lassen, die im riesengroßen Vogelhaus leben? Will man seinen Sohn entführen?

Noch in dieser Nacht entschließt sich der Maharadscha, nach Indien zurückzukehren: er will dem Unglück zuvorkommen.
Gleich am nächsten Morgen werden die zahlreichen Gepäckstücke des Maharadschas und seines Gefolges auf den Rücken von Eseln und auf den Turbanköpfen von Sklaven zum Schiff gebracht, im Eilschritt.
Der Maharadscha und der Sultan umarmen sich mehrfach zum Abschied. Indische Herren an Deck winken zu den Herren herab, die an der Ufermauer des Flusses stehen: auf den Jagden wurde so manche Freundschaft geschlossen. Als zuletzt der Maharadscha das Schiff besteigt, dort vor seinem Gefolge steht, weint Achmeds Mutter so sehr, daß der Sultan sie erstaunt anblickt. Doch er hat selber Tränen in den Augen.

In den ersten Tagen nach der Abreise des Maharadschas steht Sultan Suleman, Sohn des Suleman, oft eine Stunde am Becken im Säulensaal und schaut der Meeresschildkröte zu, die langsam umherpaddelt. Und es schimmern, leuchten, funkeln die sieben Köpfe der Kobra auf ihrem Rücken – im Licht der Sonne, die nachmittags durch eine kreisrunde Öffnung der Saaldecke scheint, im Licht der zweiundsiebzig Ölleuchten, die abends am Rand des Beckens aufgestellt werden. Der Sultan bewundert auch die türkisgrünen und lapislazuliblauen Steine des Rückenpanzers und immer wieder die Diamanten und die schwarze Perle auf den

Kobraköpfen. Auch Großwesire und Wesire bewundern dies alles.
Achmeds Mutter steht ebenfalls am Beckenrand, legt eine Hand auf die Schulter des Jungen. Einmal sagt der Sultan halblaut: »Der Maharadscha ist mein wahrer Freund! Allah beschütze ihn!«
Doch bald kommt der Sultan immer seltener, er hat viel zu tun. Mit ihrem Herrn bleiben auch die Großwesire und Wesire weg, seine Berater. So ist Achmed einmal ganz allein mit seiner Mutter im Säulensaal, den die Öllampen erhellen.
An diesem Abend trägt Munya ein Leinenkleid. Und es steckt kein Silberreif im schwarzen Haar, also ist dort auch kein Perlenschimmer. Ihr einziger Schmuck ist eine dünne Silberkette mit den kleinen Stiften der Gewürznelke.
Diese Kette hat Achmed noch nie aus der Nähe gesehen; seine Mutter geht in die Hocke, damit er sie genau betrachten kann. In gleichem Abstand stecken die fingernagelkurzen Nelkenstäbchen mit den runden Köpfchen in der Silberkette.

»Das sind Nelkennägelchen«, erklärt sie. »Die kommen aus einem sehr fernen Land. Sie sind so kostbar, als wären sie aus Silber. Aber der Händler hat sie mir geschenkt. Diese Nelkennägel sind übrigens getrocknete Blütenknospen von Nelkenbäumen. Ich mag ihren Geruch und ihren Geschmack. Und sie heilen so manche Krankheit. Man darf sie nur nicht ganz verschlucken.

Besser, man spickt mit ihnen Zwiebeln oder Fleischstücke. Oder läßt sie zu Nelkenpulver zermahlen, da duften sie am schönsten. Aber jetzt trage ich sie erst einmal als Schmuck.«

Und sie bleibt in der Hocke, zieht Achmed zu sich heran, während sie nun gemeinsam die Schildkröte betrachten. Beinah lautlos schwebt der siebenfache goldene Kopf der Kobra über dem Wasserspiegel.

Als der Junge seiner Mutter zwischendurch ins Gesicht blickt, sieht er Tränen schimmern in ihren Augen. Sie zieht ihn noch fester zu sich heran; seine Nase berührt ihren nelkenduftenden Hals. Sie läßt Achmed nicht los, solange sie der Schildkröte zuschauen.

Dann zieht seine Mutter, in der Hocke, ein kleines Gefäß zwischen Gürtel und Kleid hervor, öffnet es, stippt den Zeigefinger hinein, bittet Achmed, die rechte Handfläche nach oben zu drehen, schreibt mit Henna-Farbe arabische Schriftzeichen auf die Haut. Weil er noch nicht lesen kann, sagt sie ihm, was sie geschrieben hat: »Glückliche Hand!«

Nun muß er den rechten Fuß aus der Sandale ziehen; Munya kniet vor ihm nieder, stippt wieder den Zeigefinger in das Gefäß aus poliertem Stein, reiht arabische Schriftzeichen auf dem Fußrücken: »Leichter Fuß!«

Und sie richtet sich auf, stippt wiederum den Zeigefinger ins Steingefäß, malt Schriftzeichen auf Achmeds Stirn. Weil er die erst recht nicht lesen kann, sagt sie leise: »Klarer Kopf!« Sie schließt das kleine Gefäß, steckt es zwischen Gürtel und Kleid. »Dies alles wünsche ich dir...«

Und sie löst die Kette mit den Gewürznelken, legt sie dem Jungen in die linke Hand. »Kannst du ab und zu mal dran riechen...« Und sie nimmt ihn knieend in die Arme. Er spürt, daß sie weint.

Am nächsten Morgen ist seine Mutter nicht mehr im Palast. Achmed fragt und fragt, aber niemand kann ihm verraten, wo sie sich aufhält. Seinen Vater sieht er zu dieser Zeit auch nicht mehr, der hat sich in seine Räume zurückgezogen. Und vor denen stehen Wächter, die keinen hereinlassen dürfen, nicht einmal den eigenen Sohn.

Der Junge freilich hält die Ohren offen und vernimmt Getuschel, vor allem unter Dienerinnen und Dienern. Die einen sagen: Der Sultan hat seine Frau davongejagt, weil sie ihm in bald zehn Jahren nur ein einziges Kind geschenkt hat, den Achmed. Andere flüstern: Sie ist davongelaufen, weil sie die Zornesader auf der Stirn ihres Mannes nicht mehr sehen, weil sie sein Wutgeschrei nicht mehr hören konnte. Was auch immer erzählt wird – alle sind traurig, daß Munya, die Herrin, nicht mehr im Palast weilt.

Am traurigsten ist Achmed. Stundenlang sitzt er auf dem Hocker und starrt auf den Boden. Er hat Kopfschmerzen, und der Rücken tut ihm weh, zwischen den Schultern. Zuweilen sind die Kopfschmerzen so stark, daß er sich aufs Bett legen muß. Er blickt hinauf zur Zimmerdecke, bis die Kopfschmerzen langsam etwas schwächer werden. Dann steht er auf, geht in den Säulensaal und schaut der indischen Meeresschildkröte zu. Und ziellos streift er durch den Palast.

Auf einem der Tische sieht er ein Kästchen. Er untersucht es: der Deckel scheint fest zu schließen. Er nimmt das schwarze, silbern verzierte Kästchen mit in sein Zimmer, legt die Silberkette mit den Nelkennägelchen hinein. Bevor er den Deckel schließt, schnuppert er lange.

Und er hat das Gefühl, die Kopfschmerzen gehen weg. Doch ein paar Minuten später sind sie wieder da. Aber hat seine Mutter nicht gesagt, daß die Nelkennägelchen auch Heilmittel seien? Vielleicht müßte er eins von ihnen zu Pulver zerdrücken, damit es richtig wirkt? Er zupft ein Nelkennägelchen aus der silbernen Kette, versucht, es mit dem Daumennagel auf dem Tisch zu zerquetschen, aber das gelingt ihm nicht. So steckt er das Nelkennägelchen in die Kette zurück und verschließt das Kästchen.

Einige Wochen später führen zwei Pferdeknechte ein weißes Pony zu Achmed. Sie bleiben rechts und links vom Pony stehen, und einer der beiden sagt: »Das ist für dich!«

Achmed fragt, woher und wieso, der ältere Pferdeknecht aber wiederholt nur: »Das ist für dich, mein Prinz!«

Der Junge will unbedingt wissen, wer ihm dieses Pony

mit der langen weißen Mähne, dem langen weißen Schweif schenkt. Nun antwortet der Pferdeknecht: »Du wirst es dir wohl denken können.« Achmed kann es sich fast schon denken, aber er möchte es wissen. So schickt der Ältere den Jüngeren vor die Tür des Palastzimmers – er soll aufpassen, daß niemand lauscht.
Nun erst berichtet der Pferdeknecht, daß Achmeds Mutter das Pony schickt. Er kann freilich nicht sagen, aus welchem Ort das Pony kommt – ein Mittelsmann hat es zu einem anderen Mittelsmann geführt... Weil es ziemlich viele Mittelsmänner waren, muß Achmeds Mutter weit entfernt sein, wenn auch immer noch im Lande. »Vielleicht aber«, so fügt der Pferdeknecht flüsternd hinzu, »vielleicht wird deine Mutter unser Land verlassen, zu einer langen Reise. Genaueres aber weiß ich nicht.«
Der Pferdeknecht verbeugt sich und verläßt das Zimmer. Ein paarmal geht Achmed um das Pony herum, bleibt vor ihm stehen, klopft ihm den Hals. Dann führt er das Pony am Halfter durch den Flur zum weiten und hohen Eingang des Palastes; mehrere Wächter stehen hier. Auf dem Vorplatz schwingt sich Achmed auf das sattellose Pony.
Er überlegt, ob er um den Palast herumreiten soll in den weiten Garten, doch schon setzt das Pony sich in Bewegung. Es geht den Weg zurück, den es gekommen ist. Dieser Weg führt am Stallgebäude vorbei mit den 48 Pferden des Sultans; der Weg führt weiter zur Vorderen Pforte des Palastbereichs; dort stehen ebenfalls mehrere Wächter im Schatten von Pinien und Zedern.

Jenseits der Gartenmauer die Straße. Das Pony zuckelt dahin, als wüßte es genau, wo sein Ziel ist. »Ja, mach nur!« sagt Achmed, und er streicht über die weiße Mähne.
Rechts von der staubigen Straße ein Bewässerungskanal, der in den Garten des Palastes führt. Ein Bauer schneidet Schilf am Rand dieses Grabens. Einige Sklaven heben Schlamm aus, der sich im Graben abgesetzt hat. Weiter weg schöpft ein Mann Wasser aus dem Graben mit einem Ledereimer, der an einem Schwenkbalken hängt.
Auf der linken Straßenseite Häuser aus Lehmziegeln. Keins von ihnen hat ein Außenfenster, durch die Toröffnungen aber kann Achmed in kleine Innenhöfe schauen. Eine Frau sitzt auf dem Boden, hat ein Bein angezogen, schaukelt auf dem Knie einen gluckernden Ziegenledersack, macht also Butter. In einem anderen Hof klatscht eine Frau einen dünnen Teigfladen an die Innenwand eines gemauerten Backofens.
Alle, die den Jungen sehen, grüßen ihn. Ein paar Kinder folgen ihm. Hinter den Kindern reitet ein junger Offizier, den Achmed im Palast schon ein paarmal gesehen hat.
Er läßt das Pony weiterzuckeln. Die Straße wird schmutziger: Abfälle an der Mittelrinne. Schwarze Schweine, frei herumlaufend, wühlen mit ihren Schnauzen im Dreck. Drei Hunde streiten sich wild bellend um einen Knochen.
Eine Seitenstraße, doch das Pony zuckelt geradeaus weiter. Nun kommt Achmed in ein Viertel, in dem

Händler ihre Stände aufgeschlagen haben. Viele der Waren liegen auf Tischen, viele der Waren auf dem Boden: Sättel und Sitzpolster, Silberschmuck und Kupferkannen, Ledertaschen und Jagdwaffen, Schuhe und Turbans. Dann einige offene Feuer, an denen Frauen hocken und Pfannkuchen backen, zum Verkauf. Und getrocknete, gesalzene Fische sind aufgereiht und Töpfe mit dem Mus von gemahlenen Heuschrecken.
Achmed reitet an einem Minarett vorbei. Es ist aber nicht die Zeit, in der vom Muezzin eines der fünf Gebete ausgerufen wird. In einem Hof dieser Moschee sieht er einige Schüler auf Lehmbänken, mit Tontafeln. Im schattigen Garten einer Schenke hocken Männer um Krüge herum, saugen durch dünne Schilfhalme. Bestimmt ist es Bier.
Bald erreicht der Junge ein Tor, das sich zum Fluß hin öffnet, zur Steinbrücke, die über den Euphrat führt. Er bleibt auf der Brücke stehen. Der junge Offizier reitet an ihm vorbei, wartet am Ende der Brücke.
Achmed beachtet ihn nicht weiter, denn es ist viel zu sehen! Ein Segelboot gleitet unter der Brücke durch. Einige Frauen waschen am Flußufer, ein Mann angelt. Kleine Boote flußaufwärts, flußabwärts: sie bestehen aus dicken Schilfbündeln; vorn und hinten sind sie etwas in die Höhe gebogen, in der Mitte sind die Boote ausgebaucht, und dort kauern die Ruderer. Ein zweites Segelboot wird von beinah nackten, schweißglänzenden Männern flußaufwärts gezogen – auf einem Pfad am anderen Ufer schleppen sie es an verschieden langen

Seilen. Ein Floß gleitet heran, getragen von aufgeblasenen Tierfellen; zwei Männer steuern es mit langen Holzstangen; vor ihnen Körbe und Bündel.

Lange schaut der Junge dem Floß nach. Dann setzt er mit Schenkeldruck das weiße Pony wieder in Bewegung, er will weiterreiten zur kleinen Gruppe von Lehmhäusern am anderen Ufer, zu den Dattelhainen, zu den Feldern.

Am Ende der Brücke steht noch immer der Reiter. »Ich bin Utman, Offizier der Palastwache. Ich muß dich bitten, hier nicht weiterzureiten.«

»Das Pony will aber in diese Richtung«, entgegnet Achmed. »Und ich möchte wissen, woher es kommt.«

»Das würde ein langer, langer Weg«, meint der Offizier. Und fügt hinzu: »Ich habe den Auftrag, dich zum Palast zurückzubringen. Das Leben des einzigen Sohnes unseres großmächtigen Sultans muß besonders gut beschützt werden.«

Der Junge hat auf diesem Ritt schon viel gesehen, und so wendet er das Pony, reitet hinter dem Offizier her.

Der dreht sich zuweilen um und lächelt ihm zu, als wolle er um Verzeihung bitten.

Achmed gewöhnt sich an, auf dem Pony durch den Palast zu reiten. Weil er seinen Vater schon mal im Säulensaal gesehen hat, reitet er öfter dorthin, doch am Becken steht kein Sultan.
So schaut Achmed allein der Schildkröte zu mit ihrem siebenfachen goldenen Kobrakopf. Er hört dabei nur das Wasser, das durch ein Rohr ins Becken läuft, hört es weggluckern in einem anderen Rohr. Der Junge sitzt ab, hält einen Finger ins Wasser, steckt ihn in den Mund: es schmeckt etwas salzig.
Beim achten Ritt in den Säulensaal sieht er dort endlich seinen Vater. Neben ihm eine Frau, die Achmed noch nicht kennt. Mit rascher Bewegung zieht sie einen Schleier vors Gesicht.
Der Sultan nickt seinem Sohn zu, als hätten sie sich noch am Tag zuvor gesehen. »Allah sei mit dir«, sagt er, und das klingt recht freundlich. Achmed erwidert den Gruß. Dann beobachten der Sultan, sein Sohn und die Frau die Schildkröte; Achmed bleibt dabei im Sattel.
»Übrigens, wie kommst du an das weiße Pony?« erkundigt sich der Sultan.
»Du meinst das Pony hier? Ja, dieses Pony – also das – ja, ich hab es mir in deinem Stall ausgesucht.«
»In meinem Stall? Versteh ich nicht...« Der Sultan schlendert heran, mustert das Pony. »Sehr merkwür-

dig... Wie sollte ein Pony in meinen Stall kommen? Ich bin doch nun wirklich aus den Kinderschuhen herausgewachsen!« Noch einmal geht er um Pony und Sohn herum.

Plötzlich bleibt er stehen. »Ah, ich kann es mir denken! Es ist Ersatz für das Pferd, das kürzlich verkauft werden mußte. Jedesmal, wenn ich mit ihm losreiten wollte, machte es einen steifen Hals und befolgte nur ganz lahm meine Befehle. War wirklich ein halsstarriges Biest! Ich hab dem Stallmeister gesagt, es muß weg. Ich frage mich nur: warum hat er als Ersatz ein Pony genommen? Hat er vielleicht gedacht, die Probleme bleiben klein, wenn das Pferd klein bleibt? Aber was soll's – ich hab im Moment wahrhaftig andres im Kopf. Und du hast eine gute Wahl getroffen, mein Sohn. Weiß sind auch die Lieblingspferde meines Freundes Ischwari Sajadschi Prasad Mansa Madhu Mahip Singh. Ich fürchte nur, dieses Pony wird bald etwas klein für dich sein – deine Füße berühren fast schon den Boden. Du kannst es in meinem Stall gegen ein richtiges Pferd eintauschen. Wenn der Stallmeister mit Ausreden kommt, werd ruhig ein bißchen energisch!«

Er geht wieder zur Frau, stellt sich neben sie. Der dünne Schleier bläht sich regelmäßig vor ihrem Gesicht, während sie der Kobra-Schildkröte zuschaut. Es leuchten die Türkise und Lapislazulis, es funkeln die Diamanten auf den sechs Kobraköpfen, doch am stärksten zieht die schwarze Perle die Blicke auf sich.

Nach einiger Zeit nickt der Sultan seinem Sohn zu, geht

mit der Frau hinaus. Achmed fällt auf, daß sie das rechte Bein ein wenig nachzieht. Bevor er durch die Seitentür in seine Privatgemächer geht, dreht der Sultan sich um. »Wirklich schön, daß du ein weißes Pferd ausgesucht hast. Aber ein Stück größer müßte es schon sein… Mein Reiterblick wird dann mit Wohlgefallen auf dir ruhn.«

Sobald er allein ist im Säulensaal, blickt der Junge zu seinen Füßen hinab. Tatsächlich, ihr Abstand zu den Steinplatten ist nur noch gering. Hat seine Mutter ihn kleiner in Erinnerung, als er ist? Aber dies ist das Pony, das sie ihm bringen ließ, also will er das weiterhin reiten.

An einem der nächsten Abende sieht er am Beckenrand noch einmal seinen Vater. Neben ihm die Frau, von der nicht viel zu erkennen ist, denn auch diesmal hängt der feine Schleier vor dem Gesicht.

Auf einen Ruf des Sultans hin bringt ein Diener eine Laute, ein zweiter Diener setzt hinter der Frau einen Schemel aus Rosenholz ab. Sie setzt sich, beginnt auf der Laute zu spielen: eine Melodie, so langsam wie die Bewegungen der Meeresschildkröte. Ja, deren Paddelschläge wirken bei der Musik noch weicher… Und die Türkise erscheinen noch grüner und die Lapislazuli noch blauer. Und die sieben Köpfe der goldenen Kobra schimmern festlich, die Diamanten auf ihnen funkeln.

Der Sultan hat nur Augen für die Kobra-Schildkröte und für die Frau, die neben ihm das *Oud* spielt, die arabische Laute. Still paddelt die Schildkröte durch das

Wasser. Nur Plätschern und Gluckern ist zu hören, als die Frau das Spiel beendet.

Am nächsten Morgen hört Achmed Rennen, Rufen, Schreien im Flur: »Die Schildkröte ist getötet worden!« Sofort läuft er zum Säulensaal.

Dort sind fast so viele Männer versammelt wie beim Empfang des Maharadschas. Achmed möchte sich zum Beckenrand vordrängen, doch einer der Wesire dreht sich um. »Der Sultan hat befohlen, daß wir dich nicht hereinlassen. Das hier ist kein Anblick für Kinder!«

Der Junge aber kann sich noch ein Stück weiter nach vorn schieben und sieht nun das Wasserbecken: dort treibt die Schildkröte. Die siebenköpfige Kobra aus Gold ist nicht mehr auf ihrem Rückenpanzer; die Türkise und Lapislazuli sind aus den Fassungen gebrochen; das Wasser ist ein wenig trüb.

Weil er seinen Vater vor Wut schreien hört im Säulensaal, kehrt er zurück in sein Zimmer. Allein aber mag er nicht bleiben; er steckt ein Stück Süßholz in die Tasche, geht zum Stall. Dort bleibt er dicht vor seinem Pony stehn. Das drückt die Nüstern an seinen Hals, beginnt an seinen Haaren zu rupfen, stupst ihn mit dem weichen Maul. Achmed legt den Arm um den Ponynacken. Nun riecht es das Süßholz in der Tasche, stößt mit dem Maul dran. Weil es das Süßholz gefunden hat, zieht der Junge es heraus und gibt es ihm zur Belohnung. Und das Pony hat es zum Fressen gern.

Mittlerweile gibt es Gerenne und Geschrei auch zwischen dem Palast und dem Stallgebäude. Einer ruft dem andren zu, was passiert ist. Nach den Dienern und Wächtern erfahren es nun auch die Gärtner und Pferdeknechte.

Bald darauf Schmerzensschreie, in gleichmäßigem Abstand. Achmed muß sich gar nicht erst erkundigen, was vor dem Palast geschieht, er weiß sofort: der Sultan läßt einen der Wächter bestrafen. Wahrscheinlich werden seine Fußsohlen gepeitscht: die gefürchtete Bastonade. Nach etwa zwanzig heiseren Schreien eine Pause, und es beginnt ein anderer Mann zu schreien. Aber da sitzt Achmed schon auf seinem Pony, reitet in den weiten Garten hinter dem Palast. Und er beginnt zu galoppieren, aber nicht auf Wegen, sondern einfach geradeaus. So werden viele Blumenstiele geknickt, werden viele Blumen zerstampft, aber das merkt Achmed nicht.

Als er schließlich zurückreitet, hört er immer noch den Sultan brüllen in seinem Zorn. Und er sieht ihn vorbeieilen: auf seiner Stirn, über der Nasenwurzel, eine dick angeschwollene Ader. Jetzt paßt zu seinem Vater die Bezeichnung, die der Junge manchmal gehört hat: *Suleman der Zornige.*

Alles läuft mit ernsten Gesichtern umher, Frauen schluchzen. Achmed weiß, er wird an diesem Tag mit seinem Vater nicht mehr reden können, also bleibt er im Zimmer, mit dem Pony. Ein paarmal drückt er die Stirn an die weiße Mähne. »Kannst du mir sagen, warum jemand so eine schöne Schildkröte totmacht?« Das Pony weiß auch keine Antwort.

Am Abend läßt Achmed vom Pferdeknecht Stroh ins Zimmer tragen und in einer Ecke aufschütten: dort soll das Pony die Nacht verbringen. Keiner stellt eine Frage, keiner widerspricht, keiner meldet das seinem Vater – fürchtet man weitere Peitschenhiebe?

Erst gegen Abend wird Suleman der Zornige etwas ruhiger. Sobald es dunkel ist, begibt er sich auf die Dachterrasse des Palastes. Dort haben Sklaven wieder die hölzerne Treppe aufgebaut mit ihren drei mal sieben Stufen. Der Sultan steigt hinauf zur kleinen Plattform.

Ihm folgt der Hofastrologe Tarafa Ibn al-Humayyir. Beide halten sie ein Rohr vor das rechte Auge.
Der Astrologe muß versuchen, von den Sternen abzulesen, wer der Schildkröte den Hals durchschnitten und sie beraubt hat. So etwas steht aber nicht in den Sternen geschrieben. Also nützt es auch nichts, wenn der Sultan wieder zornig wird und seinem Astrologen mit der Bastonade droht. Al-Humayyir bleibt so lange auf der kleinen Plattform stehen, bis der Sultan wieder ruhig geworden ist in der kühleren Nacht. Dann teilt der Astrologe mit, was ihm die Sterne sagen: Ein Herrscher ist in Gefahr. Das hat schon sein indischer Kollege gesagt.
»Was soll ich denn mit dieser Auskunft anfangen?!« ruft der Sultan. »Ein Herrscher ist in Gefahr... Wenn ich sowas höre, könnte ich gleich wieder die Wut kriegen! Welcher Herrscher, bitteschön?! Wer ist dran?! Das muß doch zu klären sein! Du bist nicht dazu da, mich in Verwirrung zu stürzen! Ich will nicht andauernd darüber nachdenken: Bin *ich* gemeint, ist der Maharadscha gemeint? Ich muß den Kopf frei haben. Also los, gib dir Mühe, schau genau hin!«
Tarafa Ibn al-Humayyir wartet ein wenig mit der Antwort. Dann wiederholt er: »Das Zeichen in den Sternen kann genauso für den Maharadscha gelten. Vielleicht ist ihm in der Zwischenzeit auch schon ein Unglück zugestoßen. Wenn man so etwas erfährt, ist entschieden, welchen Herrscher die Sterne meinen.«
»Das war schon besser«, meint der Sultan und steigt die Sternentreppe hinab. Noch in dieser Nacht gibt er Be-

fehl, Boten nach Indien zu schicken: zwei über Land, weil auf dem Seeweg Piraten lauern, zwei auf einem Schiff, weil die Straßen von Räubern bedroht sind. Er wünscht seinem Freund, dem Maharadscha, nur das Beste. Aber ein bißchen hofft er, daß die Boten ihm aus dem fernen Indien ein Unglück melden müssen. Dann wäre endgültig klar, daß er, der Sultan, *nicht* gemeint ist.

Auch nach dieser Entscheidung ist der Sultan derart nervös, daß er sich nicht mehr ins Bett legen will. Im ersten Morgenlicht reitet er durch den Garten zur Hinteren Pforte, galoppiert in die Ebene hinaus. Drei Tage lang wird er nicht mehr gesehen. Als er schließlich zurückkehrt, zieht er sich sofort in seine Gemächer zurück, ist für keinen zu sprechen. Auch nicht für seinen Sohn.

Prinz Achmed will, daß sein weißes Pony nachts bei ihm im Zimmer bleibt. Und so kommt jeden Morgen ein Pferdeknecht, schiebt das Stroh zusammen, auf dem das Pony die Nacht über gestanden hat, schüttet neues Stroh auf.

Nach dem Waschen und Frühstücken reitet der Junge meist zum Innenhof, der zum Säulensaal umgebaut wurde. Langsam umkreist er das Wasserbecken, hört von draußen eine Krähe, hört im Saal das Wasser hereinplätschern und hinausgluckern. Er weiß, er hat es schon probiert: das Wasser ist nicht mehr gesalzen.

Weil im Säulensaal nichts Besonderes zu sehen ist, schaut der junge Reiter an sich selbst herunter. Ja, bald sind seine Beine so lang, daß sie beim Reiten den Boden berühren. Selbstverständlich hat er keine Steigbügel, auch ist kein Sattel aufgelegt – das wäre für ein Pony etwas ganz Neues! So hängen seine Beine besonders tief herab. Sind sie schon wieder gewachsen? Ein bißchen tun ihm die Beinknochen weh – weil die sich wieder strecken?
Er hält an der Stelle, an der er zuletzt seine Mutter gesehen hat. Und er flüstert, was nur Munya hören dürfte.
»Ein bißchen klein ist dein Pony doch. Weißt du nicht mehr, wie groß ich schon bin? Meine Füße hängen fast bis zum Boden runter, wenn ich reite, das sieht ein bißchen komisch aus. Und wenn ich die Beine hochziehe beim Reiten, sieht das noch komischer aus. Ich glaub, ich muß so langsam ein neues Pferd haben, ein richtig großes. Ich versprech dir, daß ich mir ein weißes Pferd aussuche. Dann denk ich immer an das weiße Pony, das du mir geschenkt hast. Also, einverstanden?«
Auch jetzt hört er im Säulensaal nur das Plätschern hier, das Gluckern dort.
Er sitzt ab, stellt sich vors Pony. Das stupst ihn mit dem Maul, riecht dann, daß Achmed wieder Süßholz dabei hat, rupft bald so ungeduldig am Taschenrand, daß der Stoff reißt. Da holt Achmed das Süßholz heraus, gibt es dem Pony zum Abschied. Sobald es mit tropfendem Maul das Süßholz zerkaut hat, sitzt Achmed wieder auf und reitet zum Stall des Sultans.
Dort zeigt er dem Stallmeister, daß dieses Pony wirklich

zu klein für ihn ist. Und teilt ihm mit, daß sein Vater ihm angeboten hat, es einzutauschen gegen ein großes weißes Pferd.

Der Stallmeister will lieber erst den Sultan fragen, aber nun wird Achmed ein bißchen energisch. »Ich bin der Sohn des Sultans. Und wenn ich etwas sage, stimmt das auch! Gib mir ein großes weißes Pferd!«

Da nickt der Stallmeister, geht durch die doppelte Reihe fressender und stampfender Pferde, bindet einen Schimmel los. Persönlich legt er eine Satteldecke auf und einen leichten Sattel, schnallt ihn fest. Achmed schaut ihm genau dabei zu.

Eigentlich will er sofort losreiten, doch der Stallmeister meint: »Das Pferd ist noch zu unruhig. Ihr beiden müßt euch erst einmal aneinander gewöhnen.«

Vor dem Stall bindet er das Pferd an ein Seil, übergibt Achmed das freie Ende. Auf der Sandfläche beginnt das Pferd um Achmed herumzutraben. Er dreht sich mit, ruft dem Schimmel zu: »Ja, das machst du schön ... Und jetzt im Schritt ...!« Weil das Pferd ihn nicht sofort versteht, hilft der Stallmeister schon mal nach.

Als das weiße Pferd nach dem Longieren ruhiger geworden ist, sitzt Achmed auf. Nun übernimmt der Stallmeister das freie Ende des Seils. Mehrmals reitet Achmed um ihn herum. Der Stallmeister erklärt ihm, wie er in den Steigbügeln die Füße halten soll: die Fersen tiefer als die Fußspitzen. Das lernt Achmed sofort. Und der Stallmeister ruft: »Ausgezeichnet! Du bist der geborene Reiter!« Er löst die Leine vom Pferd. »Ihr beiden werdet euch verstehen, das seh ich schon.«

Der Junge bedankt sich. Im Schritt reitet er durch den Garten hinter dem Palast mit seinen Pinien, Zypressen und Zedern, mit den blühenden Büschen, den Blumenbeeten. Er läßt den Schimmel traben. Gärtner und Wächter schauen ihm zu.

Als er wieder zum Palast reitet, dessen blau glasierte Ziegel glänzen, da sieht er oben an einem Fenster seinen Vater, ohne Turban. Er winkt zum Sohn herab, winkt kurz in den Raum hinein, sogleich erscheint neben ihm die Frau. Sie schaut Achmed zu, winkt aber nicht.

Er reitet in den Palast hinein, unter den Augen des Sultans. Er ist gespannt, ob sein Vater einen Diener schicken wird, der ihm das Reiten im Palast verbietet. Doch nichts geschieht.

Also läßt er eine doppelte Menge Stroh in sein Zimmer bringen; auch das neue Pferd soll nachts im Zimmer bleiben, von Anfang an.

Und Achmed schläft besonders tief. Gleich nach dem Aufwachen sieht er das Pferd. »Auch so gut geschlafen?« Das Pferd spitzt die Ohren, dreht sie ein wenig, antwortet mit leisem Schnauben.

Da räkelt sich Achmed noch einmal, streckt sich, springt aus dem Bett, macht das Pferd los, führt es ins Nebenzimmer. Dort wäscht er sich über einem Tongefäß. Anschließend reinigt er sich die Zähne. Nach dem Gurgeln sagt er dem Pferd: »So, und jetzt bist du an der Reihe. Ein weißes Pferd darf nicht so gelbe Zähne haben.«

Weil es das erste Mal ist, daß dem Pferd die Zähne geputzt werden, muß ihm das erst mal erklärt, muß das vorbereitet werden. »Schau her – mein Zahnreiniger ist aus Süßholz. Das nehme ich besonders gern. Für deine längeren Zähne hab ich mir gestern ein größeres Stück Holz besorgt. Es ist Zuckerrohr. Das muß ich jetzt erst mal bearbeiten...«

Er beginnt rasch und heftig am Ende des Zuckerrohrs zu beißen – es splittert, kracht. Kurz unterbricht er das Beißen, nimmt das angekaute Ende aus dem Mund. »Keine Angst, es bleibt genug Zucker im Rohr. Aber das muß noch ein bißchen fransiger oder zottliger oder buschiger aussehen hier. Das muß fast wie ein Federwisch sein...«

Und er beißt, kaut, rupft, reißt am Zuckerrohr, zeigt dem Pferd schließlich das zerfranste Ende. »Siehst du, damit werden bei uns die Zähne geputzt! Das muß man zwar selber machen, aber ich übernehm es bei dir.« Er lupft dem Pferd die Nüstern, drückt die Unterlippe etwas weiter herab, läßt das Zuckerrohrstück mit dem weichen Ende an den Zähnen hin und herschwingen.

»Ja, das macht die Zähne weiß, das macht den Blick klar, das macht den Verstand hell, das macht den Appetit groß und die Verdauung schnell. So hat Mutter mir das beigebracht. Sie reinigt ihre Zähne jetzt woanders. Ich wüßte gern mal, wo...«

Noch heftiger schwingt das Zuckerrohrstück an den gelben Zähnen hin und her. Das Pferd läßt sich das gefallen, denn das Rohr schmeckt süß.

Nach dem Zähnereinigen das Maulspülen. Und das Gurgeln. Der Prinz hat noch nie ein Pferd gesehen, das gurgeln kann: trotzdem versucht er, das seinem neuen Pferd beizubringen.

»Paß mal auf, das geht so: man saugt Wasser ein, den halben Mund oder das halbe Maul voll, dann den Kopf in den Nacken legen, das kannst du ja, und Luft reinsteigen lassen, in großen Blasen.«
Das führt er mehrmals vor, aber das Pferd macht es nicht nach.

Wer gemeinsam mit seinem Pferd in einem Zimmer übernachtet, will auch gemeinsam mit dem Pferd frühstücken. Also sagt Achmed zum alten Küchendiener: »Deck von morgen an bitte für Pferd und Reiter. Und ich möchte nur noch Hafer zum Frühstück kriegen... Aber bitte zarten...«
So stehen denn auf der einen Seite des Tischs ein Teller und eine kleine Schale: auf den Teller kommt Brei aus flachen, aufgeweichten Haferkörnern; in die Schale wird aus einem silbernen Kännchen Granatapfelsaft gegossen. Auf der anderen Seite des Tischs ein Teller und ein Topf: auf den Teller werden Haferkörner geschüttet, in den Topf kommt Wasser.
Pferd und Reiter gewöhnen sich an dieses Frühstück. Weil das Pferd aber Haferkörner auf dem Tisch verstreut und den Wassertopf schon mal umstupst, holt sich der Küchendiener von einem Wesir die Erlaubnis, das zu ändern. Als Achmed das nächste Mal in den Eßraum reitet, sieht er auf dem Tisch nur noch einen Teller und ein Schälchen. Vor dem Tisch steht eine Futterkrippe; neben ihr ein Ledereimer voll Wasser.

Kopfschüttelnd schaut Achmed sich das an und fragt den Küchendiener: »Wieso wird nur noch für *einen* gedeckt?«
Der alte Sklave weist zur Futterkrippe, die bis zum Rand mit Hafer gefüllt ist. Aber das ist keine Antwort für Achmed. »Gestern war noch für *zwei* gedeckt, mit richtigen Tellern – warum ist das heute nicht mehr so?«
Nun wird der Diener ein wenig feierlich: »Abu Dulaf, der Wesir, hat angeordnet, daß Schluß gemacht wird mit der neuen Gewohnheit. Aus diesem Grund wurde die Futterkrippe aufgestellt.«
»Dieser Herr versteht nichts von Pferden!« ruft Achmed. »Ein so schöner Schimmel hat einen Teller verdient, und zwar mit bunten Mustern!«
»Selbstverständlich, mit bunten Mustern...« wiederholt der Diener, sich ein wenig verneigend. Während er sich aufrichtet, fragt er: »Wünscht der junge Herr außerdem, daß wir den Hafer für das weiße Pferd weiß machen, mit frischem Kalk?«
»Soll das ein Witz sein?!« ruft Achmed. Unter seiner Stirnhaut schwillt bläulich eine Ader. »Willst du das Pferd lächerlich machen?! Ausgerechnet ein weißes Pferd?! Ein weißes, weißes Pferd wie das meine Mutter – wie das der Maharadscha so gern hat? Soll ich das meinem Vater melden? Du weißt, wie schmerzhaft seine Strafen sein können!«
Der alte Sklave verbeugt sich tief. »Junger Herr, wir haben Tadel nicht verdient und erst recht keine Strafe. Ich gebe mir, gemeinsam mit den Sklaven in der Küche, alle Mühe, deine besonderen Wünsche zu erfüllen. Offen-

bar denkst du, das alles wäre ganz selbstverständlich. Zum Beispiel hast du noch nie gefragt, wie es kommt, daß jeden Morgen so unvergleichlich zarte und flache Haferkörner im Brei sind, den du unbedingt haben willst.«

»Ja gut, dann sag mir schon, woher die flachen Körner kommen!«

»Nun, junger Herr, wir haben einen neuen Sklaven, dessen erste Aufgabe am Morgen darin besteht, Haferkörner für dich so plattzuklopfen, daß sie richtig zart sind. Auch dies zeigt dir, daß wir alles tun, um dich zufriedenzustellen.«

»Und wie macht er die Haferkörner platt?« fragt Achmed. »Zerdrückt er sie mit dem Daumennagel?«

»Nein, junger Herr, er schwingt einen Hammer, und zwar blitzschnell!«

»Dann möchte ich den Sklaven mal sehn.«

Der alte Diener verbeugt sich wieder. »Selbstverständlich, junger Herr. Aber es lohnt sich nicht. Der Bursche ist zwar nicht mehr grün hinter den Ohren, aber noch grün im Hirn. Mit anderen Worten: er kann Körner und so weiter platthauen, aber sonst taugt er nicht viel.«

»Mein Vater hat gesagt, ich soll notfalls ein bißchen energisch werden... Also: ich möchte diesen Sklaven sehen, jetzt gleich!«

Der alte Sklave geht zu einer Tür, ruft hinaus: »Halid! Komm mal eben her! Mitsamt deinem Werkzeug!«

Gleich darauf eilt ein junger, kräftiger Sklave herein, verbeugt sich tief vor dem Jungen. »Dies ist Halid, der Haferklopfer. Zeig dem jungen Herrn den Hammer.«

Der Sklave streckt den Arm aus mit einem morgenländischen Krummstiel-Hammer. »Damit, junger Herr, schlägt Halid auf den ersten Hieb jedes Haferkorn platt.«
Der Sklave nickt und läßt den Hammer durch die Luft sausen. »Ja, er macht jedes Haferkorn so platt, wie es platter gar nicht geht. Aber sonst, wie gesagt: es ist nicht viel mit ihm anzufangen. Nichts als Schilfstroh im Kopf...«
»Wo kommst du denn her?« fragt Achmed den Sklaven. »Gibt es in deiner Gegend zufällig auch Nelkenbäume? Mit diesen harten Nelkennägelchen, die man nicht kleinkriegt?«
Halid lächelt, will eine Antwort geben, doch der alte Küchendiener ist rascher. »Schweig, du Hundesohn! Kein Wort, kein einziges Wort!« Und er wendet sich lächelnd wieder an den Jungen. »Verzeih, junger Herr, daß ich ihm verbiete, das Maul aufzusperren. Es ist besser so. Er kommt nicht aus der feinen Gegend, in der Nelkenbäume wachsen, er stammt aus dem Hor, dem großen Sumpf dort im Süden. In dieser Gegend redet man erstens gefährlich daher und zweitens undeutlich. Das ist kein Wunder, sie sehen ja auch immer nur Schilf und Wasser und werden dauernd von Mücken gestochen. Wenn der sein Maul aufmacht, kommt nichts als Schilfbrei heraus, Schilfgrütze, Schilfpampe, Schilfpapp, Schilfschlabberdipapp. Da ist es besser, er macht sein Maul nicht auf. Aber sonst, wie gesagt, im Hafer-Plattklopfen übertrifft ihn keiner. Jeden Tag, zu früher Stunde, schlägt er auf einem Brett

Haferkorn um Haferkorn platt. Er schlägt die so platt, daß die Haferkörner beinah wie Schneeflocken aussehen – nur sind es ganz flache, zarte Schneeflocken. Wie soll man diese Haferkorn-Schneeflocken nennen, junger Herr? Wir Sklaven sagen, unter uns: Platthafer. Vielleicht wird es Halid noch lernen, für dich die Haferkorn-Schneeflocken derart dünn zu klopfen, daß man durch sie das Licht des Mondes wahrnehmen kann, falls er am frühen Morgen noch über uns schwebt. Ja, in dieser Hinsicht ist er geschickt, unser Halid...«

Der Sklave lächelt, nickt, klemmt den Hammerstiel zwischen die Zähne, und schon macht er einen Handstand. Weil Achmed lacht, schlägt er gleich noch Rad – und behält dabei den Hammer zwischen den Zähnen!

»Los jetzt, verschwinde!« ruft ihm der alte Diener zu. Und mit einem blitzschnellen Purzelbaum ist Halid wieder draußen.

»Junger Herr, ich seh es dir an: dir gefällt, wie dieser Sklave sich aufspielt. Aber ich muß dich warnen: diese Leute aus dem Hor sind gefährlich! Wer in ihr Schilfreich kommt, allein und nicht genügend bewaffnet, den machen sie, mit Verlaub gesagt, sofort platt. Das kommt, wie gesagt, daher, daß sie ihr Leben lang nichts als Schilf sehen – da bleiben sie dumm wie Schilfstroh. Ich weiß, wovon ich rede, ich war kürzlich noch in dieser Gegend, ich gehörte bei den ersten Jagdausflügen zum Gefolge des großmächtigen Sultans und seines Gastes, des Maharadschas mit dem langen Namen. Ich kann dir versichern, in dieser Gegend sieht man nichts als Schilf, Schilf, Schilf! Die Bäume aus Schilf, die Büsche aus Schilf, die Häuser aus Schilf, die Boote aus Schilf. So kommt es, daß die Leute im Hor auch nichts als Schilf im Kopf haben. Und noch etwas muß ich dir verraten: Die fressen auch Schilf, wie die Wasserbüffel! Kein Wunder, daß unser Halid aussieht wie ein Wasserbüffel, wie ein starker Wasserbüffel! Der hatte noch Schilfstücke im Maul, als wir ihn mitnahmen, weil er so billig war. Aber dann hat er uns noch viel Arbeit gekostet, das kannst du mir glauben. Wir mußten ihm erst mal beibringen, wie ein guter Araber nur mit *einer* Hand zu essen, mit der rechten. Und wir mußten ihn lehren, Reis zu essen und Hammelfleisch und Käse und Datteln. Weil ich nun schon vom Essen rede, junger Herr: meine Freunde in der Küche würden dir zum Frühstück gern mal was anderes bereiten als Haferbrei. Zum Beispiel geröstetes Geflügel oder ein weichgekochtes Ei. Ja, junger Herr, wie wäre es mit einem weichgekochten Ei?«

»Ich habe noch nie gehört, daß ein Pferd weichgekochte Eier frißt«, sagt Achmed.

»Dieser Vorschlag galt nur dir«, antwortet der alte Diener.

»Aber ich kann doch nicht ein weichgekochtes Ei essen, und mein Pferd kriegt keins!«

»Bitteschön«, meint der Diener, »meine Freunde in der Küche händigen mir gern auch zwei weichgekochte Eier aus. Oder ein weichgekochtes und ein hartgekochtes. Oder zwei hartgekochte.«

Der Prinz macht ihm klar, in aller Ruhe, daß sein Pferd

überhaupt keine Eier frißt, weder rohe noch weiche noch harte. Und wenn sein Pferd kein Ei frißt, will er selbst auch kein Ei essen. Er möchte morgens das gleiche zu sich nehmen wie sein Pferd. Und weil er bekanntlich keine richtigen Haferkörner essen kann, will er wenigstens plattgehämmerte Haferkörner essen, als Brei…

Der Sklave schweigt kurz, dann fragt er: »Darf ich daran erinnern, Prinz, daß du mittags keinen Hafer ißt, sondern Mahlzeiten aus unserer Küche? Weshalb muß es bei der ersten Mahlzeit des Tages unbedingt Hafernahrung sein?«

»Mein Magen braucht leider auch etwas anderes als Hafer. Ich habe mittags aber immer ein schlechtes Gewissen, wenn ich kein Pferdefutter mampfe. Deshalb will ich wenigstens *morgens* Hafer essen, gemeinsam mit meinem Pferd. Damit der Tag so richtig pferdemäßig anfängt.«

»Und das wirst du nicht leid – immer wieder diese Hafergrütze, Haferpampe? Diesen Haferschleim, Haferpapp? Soll ich mal ein besonders gutes Haferfladenbrot für dich backen lassen? Und du stippst die Brotstücke abwechselnd in Heuschreckenmus und Granatapfelmus?«

Achmed schaut den Diener kopfschüttelnd an: »Seit wann frißt ein Pferd Fladen mit Mus?«

Der alte Sklave kann nur mit den Schultern zucken.

»Siehst du! Da essen wir morgens eben gemeinsam Haferkörner – seine rund, meine platt.« Und Achmed macht die Finger seiner rechten Hand zu einer kleinen

Schaufel und schiebt sie in den morgenländischen Haferbrei.

Nach dem Frühstück macht der Prinz schon mal einen Rundritt durch den Palast. Das geschieht auch an diesem Tag.
Auf den langen Fluren sehen Prinz und Pferd zahlreiche Wächter und Diener, Offiziere und Wesire. Sie alle rufen dem Sohn des Sultans einen Gruß zu. Mehr aber nicht: keine Bemerkung, kein Scherz. Also ergibt sich auch keine Plauderei...
Zum ersten Mal seit langer Zeit reitet der Junge wieder zum Schlafzimmer seines Vaters: er hat gehört, der große Zorn sei verraucht. Da will Achmed der erste sein, der mit ihm spricht – nach ihm mag dann ein Wesir drankommen, ein Heerführer, der Oberjäger oder der Astrologe, der in letzter Zeit sehr ernst dreinblickt.
Achmed reitet in das weite und hohe Schlafzimmer, dessen Wände farbig glasiert sind. Der Sultan liegt allein im Bett; seine Augen sind offen, er starrt hinauf zur Zimmerdecke.
Der Junge reitet dicht ans Bett heran. »Allah sei mit dir.« Der Sultan dreht ihm kurz den Kopf zu und antwortet mit etwas heiserer Stimme: »Allah sei auch mit dir, mein Sohn.« Und er starrt wieder zur Decke.
»Darf ich erzählen, was ich in den letzten Tagen alles so erlebt habe?«
»Erzähl es bitte später mal. Ich muß jetzt nachdenken.«

Und er blickt weiter hinauf zur Zimmerdecke, an der nichts Besonderes zu sehen ist.
Achmed bleibt auf dem Pferd sitzen, dicht neben dem Bett. Sein Vater beginnt zu sprechen – allerdings so leise, daß der Junge sich im Sattel vorbeugen muß.
»Ich habe meine vier besten Boten nach Indien geschickt, aber ich habe noch immer nichts von dort gehört. Ich muß aber wissen, und zwar dringend, wie es meinem Freund, dem Maharadscha, ergangen ist.«
Leise sagt Achmed: »So rasch kann doch niemand nach Indien und zurück!«
»Das weiß ich selbst! Aber man hätte, zum Beispiel, eine besonders gute Brieftaube schicken können, mit der wichtigsten Nachricht!«
Und er blickt weiterhin zur Zimmerdecke hinauf. Draußen rascheln trockene Palmwedel. Geräuschlos steht die Wasserpfeife auf dem Tisch.
Wieder beginnt der Sultan zu sprechen. Denkt er laut nach, oder wendet er sich an seinen Sohn? »Wenn ich gemeint wäre von den Sternen, dann könnte der Mord an der Schildkröte ein böses Vorzeichen sein. Was mich bei diesem Gedanken ganz nervös macht: Der Mörder und Räuber der indischen Meeresschildkröte hätte es nicht weit zum Ort seiner nächsten Tat! Darüber bin ich mir klargeworden, heute nacht mal wieder: er kann nicht von außen in den Palast eingedrungen sein, sonst hätten die Wächter ihn kleingehackt mit ihren Krummschwertern. Und er kann aus dem Palast erst recht nicht entflohen sein! Also hält sich der Mörder und Räuber unter meinem Dach auf. Also muß ich unbedingt her-

ausfinden, wer das ist und was er als nächstes vorhat. Es kann auch für dich sehr wichtig werden, daß ich in Ruhe darüber nachdenke. Allah sei mit dir.«

Achmed wartet noch kurz. Dann wendet er das Pferd und reitet aus dem Zimmer, setzt seinen Morgenritt fort.

Der führt als nächstes in den Thronsaal. Über dem goldenen, mit Edelsteinen geschmückten Thron hängen Fächer von Pfauenfedern; zwei Sklaven pusten Staub von ihnen. Sie grüßen den Sohn des Sultans etwas kurzatmig.

Achmed reitet eine Runde durch den Saal, macht abschließend einen Sprung über einen Marmortisch, auf dem chinesische Schalen mit Früchten stehen. Die beiden Sklaven schauen gelassen zu; sie wissen, welch hervorragender Reiter der Prinz nach kurzer Zeit geworden ist. Ja, die kostbaren Schalen und die Früchte sind vor den Hufen seines Pferdes sicher.

Nach diesem Übungssprung reitet Achmed vorbei an Türhütern mit schwarzen Schnurrbärten und breiten Krummschwertern. Die Wächter nicken bloß zum

Gruß – sie müssen die Zähne zusammenbeißen, um kriegerisch zu wirken; wenn sie das ein paar Jahre gemacht haben, kriegen sie ihre Zähne kaum noch auseinander. Und weil der Sultan kürzlich einige Wächter auspeitschen ließ, schauen diese Männer noch gestrenger drein, und ihre Augen rollen wachsam hin und her.

Draußen setzt der Junge seinen Morgenritt fort. Im weiten Garten hinter dem Palast arbeiten Gärtner. Sie schauen zu, wie Achmed mit seinem Pferd über Blumenbeete und Büsche hinwegspringt: die Hufe berühren kein Blatt, keine Blüte.

Hinter den Blumenanlagen der Teich mit Wasserrosen und Schilf, mit Flamingos, Zierenten und einigen gezähmten Reihern.

Durch eine Zypressenallee geht es weiter zur hinteren Pforte des Gartens. Dort stehen ebenfalls Wächter mit polierten Krummschwertern. Sobald diese Wächter den Sohn des Sultans heranreiten sehen, hören sie auf, an den zottigen Schnurrbärten zu kauen, sie zeigen beim Lächeln prachtvolle Zähne. Das unterscheidet sie von den Wächtern im Innern des Palastes, die zum Gruß nicht mal die Lippen öffnen.

Doch gesprächig sind die Wächter hier draußen auch nicht. Sie stehen starr, als wären sie aus Holz geschnitzt. Zudem ist es nicht ratsam, ein Gespräch mit ihnen anzufangen, weil die blitzenden Krummschwerter das Pferd nervös machen.

Achmed ruft ihnen nur einen Gruß zu, schon ist er draußen, im Freien, auf einem der Feldwege, die er »Pferdewege« nennt.

Er dreht sich um: in einiger Entfernung folgt ihm der junge Offizier mit zwei Kollegen. Daß man ihm folgt, sobald er in die Stadt reitet, das kennt er schon. Daß man ihm auch folgt, wenn er in die Ebene hinausreitet, dies ist neu!

Als Achmed vom Ritt zurückgekehrt ist und zur Abwechslung das Pferd im Stall gelassen hat, wartet in seinem Zimmer ein Wesir auf ihn. Viel Fleisch und Fett machen ihn rund. Und doch ist die Haltung des Wesirs sehr würdevoll. Auch was er sagt, klingt würdig, trotz des Schnaufens.

»Mein Name lautet Abu Dulaf. Ich habe nicht nur die Pflicht, Anweisungen des großmächtigen Sultans entgegenzunehmen, als Wesir habe ich auch die ehrenvolle Aufgabe, ihn zu beraten. Und so haben wir vor einigen Tagen gemeinsam beschlossen, einen Erzieher für dich zu suchen. In den ersten Jahren hat Munya, deine Mutter, diese Aufgabe übernommen. Als Tochter des Kalifen al-Muammal Ibn Amyal al-Muharibi hatte sie auch das Recht dazu. Seit einiger Zeit aber ist aus Gründen, über die ich nicht sprechen muß, die Zeit der Erziehung durch deine Mutter beendet. Die Erziehung muß jedoch fortgesetzt werden. Wir haben einen Erzieher ausgesucht und bestimmt. Seine Arbeit wird bald beginnen.«

Nach dieser feierlichen Rede wischt er sich Schweiß von der Stirn, würdevoll.

Achmed freut sich. Denn er stellt sich vor, daß er gemeinsam mit anderen Kindern auf Lehmbänken sitzen und lernen wird. Doch Abu Dulaf winkt ab. »Auch darüber haben wir gesprochen. Dein Vater hatte in diesem Punkt zuerst keine feste Meinung. Ich habe aber mein ganzes Gewicht als Berater in die Waagschale geworfen und ihn an die alten Gesetze erinnert, nach denen es nicht erlaubt ist für den ersten oder einzigen Sohn eines Sultans, Umgang mit anderen Kindern zu pflegen. Dabei könnte der Sohn allzuleicht vergessen, daß er später einmal Herrscher wird, und er wäre womöglich nicht mehr streng genug. Dein Vater hat sich davon überzeugen lassen, daß es besser für dich ist, *allein* zu lernen. Aus diesem Grund wird für dich und den Erzieher ein Zimmer hier im Palast eingerichtet.«

»Und dort soll ich ganz alleine lernen?!« fragt Achmed.

»Ja, und das ist nur zu deinem Besten. Die meisten Kinder reden schließlich nur Unsinn und machen Blödsinn. Ein Prinz aber, der einmal Sultan werden soll, muß einen klaren Kopf bewahren. Sonst geht später im Sultanat alles drunter und drüber. Dies jedenfalls ist die Meinung des großmächtigen Sultans, und ich habe ihn darin voll und ganz bestärkt. Du wirst deshalb in der Tat *alleine* lernen, mit dem Erzieher.«

Davon hält Achmed überhaupt nichts. Wenn er schon nicht mit anderen Kindern spielen darf, möchte er wenigstens mit anderen Kindern zur Schule gehen. »Sonst wird das ja viel zu langweilig! Ich werd das meinem Vater sagen.«

»Das dürfte wenig Sinn haben. Erstens hat dein Vater zur Zeit keine Zeit, sonst hätte er mich nicht zu dir ge-

schickt. Zweitens ist der Prinzenerzieher bereits bestimmt. Er heißt Bassar.«
Alleine will der Prinz aber nicht lernen! Das sagt er auch, und der Wesir möge das dem Vater bitteschön ausrichten.
»Du wirst aber lernen müssen, Prinz! Schließlich wirst du irgendwann einmal das Amt des Sultans übernehmen. Dann mußt du fließend lesen und schreiben können. Schon wegen der Verträge.«
Hier hört Achmed gar nicht mehr zu, er überlegt: Wenn er schon nicht mit anderen Kindern lernen soll, so will er wenigstens erreichen, daß er beim Unterricht auf dem Pferd sitzen darf. Das teilt er dem Wesir mit.
Der versteht nicht ganz, wie der Prinz das meint. »Soll das Pferd im Schulzimmer angebunden werden, wenn ich fragen darf?«
»Das soll überhaupt nicht angebunden werden!« ruft der Junge. »Es soll sich bewegen, wie sich das für ein Pferd gehört!«
»Ach, vielleicht auf einer Reitbahn?« fragt Abu Dulaf, und das klingt verärgert.
Der Prinz nickt: »Wo denn sonst?«
»Und du willst während des Unterrichts einfach so herumreiten? Im Schritt, im Trab, womöglich im Galopp?«
Genauso stellt Achmed sich das vor. »Sag das meinem Vater, und bring mir seine Antwort.«
»Diesen Weg kann ich mir sparen. Zu diesem Vorschlag wird der Sultan nur ein einziges Wort sagen: Nein!«
Der Prinz aber will diesmal nicht nachgeben. »Wenn ich

in den Schulstunden nicht reiten darf, kriegt ihr keinen arabischen Buchstaben und keine arabische Zahl in meinen Kopf! Richte das meinem Vater bitte aus.«
Mit einem mürrischen Gruß stapft Abu Dulaf hinaus, schnaufend.
»Ja, geh nur, du Fleischberg«, sagt Achmed, aber lautlos.

An jedem der nächsten Tage reitet Achmed in den Garten; er hofft, er trifft dort seinen Vater.
Er will unbedingt mit ihm sprechen. Er hat zwar gehört, daß es dem Sultan gleichgültig ist, ob sein Sohn während des Unterrichts reitet oder nicht – Hauptsache, er lernt. Aber vielleicht kann er noch erreichen, daß dies gemeinsam mit anderen Kindern geschieht. Dann ließe er das Pferd im Stall.
Wenn er schon mal mit seinem Vater ins Gespräch gekommen ist, will er endlich auch die Frage loswerden, wo seine Mutter geblieben ist. Stimmt es wirklich, daß er sie davongejagt hat? Oder ist die Wahrheit, daß sie von ihm weggelaufen ist? Und lebt sie noch im Reich des Euphrat und Tigris? Oder ist sie schon in einem anderen Land?
Nach einigen vergeblichen Ritten sieht er schließlich den Sultan im Garten umherspazieren, mit der anderen Frau. Achmed zügelt das Pferd, bleibt an einer Hecke stehen: so kann er beobachten, ohne gesehen zu werden.

Wieder fällt ihm auf, daß die Frau bestimmt einen Kopf kleiner ist als der Sultan und daß sie das rechte Bein nachzieht, als wäre das Kniegelenk steif.
Eine Hand des Sultans liegt auf ihrer Schulter; während er neben der hinkenden Frau hergeht, sieht es so aus, als würde er sich auf ihr abstützen.
Er bleibt mir ihr vor einem der Beete stehen, zeigt auf die eine und andere Blüte. Und begleitet sie zu einem weiteren Blumenbeet. Auch hier bleibt er stehen, spricht, streckt die Hand aus. Vielleicht nennt er Blumennamen: Knabenkraut und Frauenschuh, Feuerlilie und Lämmerschwanz, Froschlöffel und Pantoffelblume. Weil der Sultan Blumen liebt, beschaffen Händler die verschiedensten Samen und Knollen, oft aus fernen Ländern, sogar aus dem Abendland.

Der Sultan führt die junge Frau zu einem weiteren Blumenbeet, auch hier bleiben sie stehen, auch hier spricht er, zeigt er. Sie schlendern weiter. Dem Jungen fällt auf, daß sie viel Zeit haben.
Er wendet das Pferd, reitet weg. Auf seiner Stirn wächst eine kleine Zornesader. An einem Beet springt er aus dem Sattel, reißt ein paar Blumen mit den Wurzeln aus dem Boden, wirft sie beiseite, schwingt sich in den Sattel. Seine Stirn wird wieder glatt.

Bassar, der Prinzenerzieher, beginnt seine Arbeit am Hof des Sultans. Bald schon verläuft der Unterricht so: der Lehrer stellt sich in die Mitte der Reitbahn, Achmed trabt einige Runden, und sie beginnen mit dem Kopfrechnen.
Nackte Zahlen mag auch der Erzieher nicht, also stellt er verkleidete Rechenaufgaben. »Wieviel Früchte sind drei Granatäpfel und sieben Zitronen?«
Achmed fängt erst gar nicht an zu überlegen, er sagt sofort: »Das kann ich nicht rechnen.«
»Du wirst doch wohl drei Granatäpfel und sieben Zitronen zusammenzählen können!«
Prinz Achmed erklärt ihm, daß er mit Früchten nicht rechnen kann. Weil der Erzieher weiterkommen will, verkleidet er die Aufgabe auf neue Weise: »Wieviele Fische sind drei Zitteraale und sieben Zwiebelfische?«
Der Prinz antwortet: »Tut mir leid, ich kann auch nicht mit Fischen rechnen. Das geht nur bei Pferden!«
»Nun gut«, meint der Erzieher, »damit wir endlich zu einem Ergebnis kommen: Wieviele Pferde sind drei Ponys und sieben Stuten?«
»Das ist doch einfach! Zehn Pferde sind das!«
Weil der Erzieher auf diese Weise lernt, daß Achmed nur rechnet, wenn in den Aufgaben Pferde vorkommen, denkt er sich Aufgaben mit Pferden aus. Zum Beispiel: »Ein gesundes Pferd frißt an einem Tag vier Pfund Hafer. Wieviel frißt ein krankes Pferd, das nur die Hälfte frißt, an zwei Tagen?«
Nach dem Kopfrechnen kommen Schreibübungen an die Reihe. Weil Achmed während des Reitens schlecht

auf Papyros schreiben kann, wirft ihm der Lehrer einen Stift aus Bronze zu, dann eine Tontafel. In kurzer Zeit hat Achmed die arabischen Buchstaben gelernt, und der Lehrer kann ihm Sätze diktieren. Die ritzt Achmed aber nur dann in die weiche Tontafel, wenn sie etwas mit Pferden zu tun haben. Weil Achmed aber mal Sultan und nicht Pferdehändler werden soll, versucht es der Erzieher mit anderen Wörtern. So diktiert er zum Beispiel: »Drei Eierhändler marschierten auf einem Feldweg zur Hauptstadt und sangen.«
Aber da schreibt Prinz Achmed einfach: »Drei Pferde trabten auf einem staubigen Pferdeweg zur Pferdehauptstadt und wieherten.«
Also muß sich der Erzieher Übungssätze solcher Art ausdenken. »Ein Pferdehändler übergab einem Pferdeknecht ein Pferd samt Pferdegeschirr, Pferdedecke und Pferdefutter. Der Pferdeknecht führte das Pferd zuerst auf eine Pferdekoppel, dann in den Pferdestall.«
So etwas schreibt der Prinz ohne Fehler.

Wenn er frei hat, reitet Achmed in den Garten des Palastes. Endlich sieht er dort wieder seinen Vater. Er steht am Teich, schräg hinter ihm ein Diener. Der Sultan blickt auf das glitzernde Wasser, auf dem Zierenten herumpaddeln; ihre türkisgrünen und lapislazuliblauen Haubenfedern glänzen.
Nun läßt sich der Sultan eines der Fladenbrotstücke reichen, die der Sklave in einer silbernen Schale bereithält.

Achmed sitzt ab, geht leise zum Sultan. Der knetet ein Kügelchen zurecht, schleudert es einer Ente vor den Schnabel.

»Ich denke nach über meinen Feind«, sagt der Sultan. »Dieser Feind darf es wagen, in meinem Palast die Kobra-Schildkröte zu ermorden und zu berauben, das Geschenk des Maharadschas! Und keiner kann mir sagen, wer der Schildkrötenmörder ist. Keiner! Ich muß es aber wissen, sobald wie möglich! Ich habe sogar schon den Astrologen auf die Spur des Schildkrötenmörders angesetzt. ›Tarafa‹, habe ich ihm gesagt, ›du schaust ja nicht die ganze Nacht in die Sterne, also mußt du auch nicht den ganzen Tag schlafen, halt die Augen und die Ohren offen. Wenn du mir nicht bald etwas zu berichten hast, bist du selber dran und kommst in den Kerker. Dort wirst du Zeit genug haben zum Nachdenken. Zum Beispiel darüber, was es heißt, einen Herrscher in Verwirrung zu stürzen. Also, die Ohren aufgesperrt!‹ Er will sich bemühen. Ich habe aber meine Zweifel, ob er etwas herauskriegen wird.«

Er streckt die Hand aus, der Sklave reicht ihm ein weiteres Stück Fladenbrot. Das knetet der Sultan noch härter zurecht – die Knöchel seiner Hand werden weiß. Mit dem Daumen zerdrückt er schließlich das feste Kügelchen.

»Ich fürchte, der Mann, der die Schildkröte ermordet hat, könnte auch etwas gegen mich vorhaben. Aber was und wie und wann? Ich müßte unbedingt mit meinem Freund, dem Maharadscha, darüber reden. Der hat Erfahrungen mit Neidern und Feinden am Hof, der könnte

mir vielleicht einen Rat geben. Aber ich höre immer noch nichts von ihm. Die Boten lassen auf sich warten.«
Und doppelt fest und doppelt schnell setzt der Sultan das Kneten fort; aus dem flachgedrückten Brotstück wird wieder ein Kügelchen. Achmed geht einen Schritt näher an ihn heran. »Vielleicht waren die vier doch nicht deine allerbesten Boten.«
Der Sultan hebt die Schultern, knetet weiter. Er knetet so fest, daß aus dem Kügelchen wieder ein kleiner Fladen wird.
»Soll ich zum Maharadscha reiten und ihm einen Brief von dir überreichen?« fragt Achmed.
Der Sultan knetet weiter. Nach einigen Atemzügen fragt er: »Was ist? Was hast du gesagt?«
»Ich hab gefragt, ob ich zum Maharadscha reiten und ihm einen Brief von dir überreichen soll. Oder gleich eine Einladung, und er bringt eine neue Schildkröte. Das Wasser ist ja noch im Becken...«
Der Sultan wirft das plattgedrückte Kügelchen ins Wasser, schüttelt den Kopf. »Der Weg nach Indien ist für einen Jungen zu weit, zu gefährlich.« Er schüttelt wieder den Kopf. »Viel zu weit, viel zu gefährlich. Piraten auf den Meeren, Räuber in den Ländern!«
Der Sultan wendet sich Achmed zu, schaut ihn aber nicht an. Vielmehr scheint er über den Kopf seines Sohnes hinweg in weite Fernen zu blicken. Achmed führt sein Pferd weg.

Statt nach Indien trabt Achmed jeden Morgen im Oval der Reitbahn neben dem Stallgebäude. Wenn er einen Aufsatz schreiben soll, dreht er sich um, lehnt sich an den Pferdenacken und schreibt.
Sobald er fertig ist, ruft er »hopp!« und wirft dem Erzieher die Tontafel zu – also muß der gut schnappen können.
Wenn Bassar keine Lust hat, die Tafel zu schnappen, sagt er dem reitenden Schüler, er soll seine Arbeit vorlesen. Die hört sich beispielsweise so an: »Zwei Pferde trabten auf einer Reitbahn. Das erste Pferd sagte zum zweiten Pferd: Ich habe neulich mit einem Pferd gesprochen, das ein berühmtes Pferd gesehen hat, wie es im Galopp auf einer Reitbahn andere Pferde überholte und ihnen dabei folgendes zurief: Zwei Pferde trabten auf einer Reitbahn. Das erste Pferd sagte zum zweiten Pferd: Ich habe neulich mit einem Pferd gesprochen, das ein berühmtes Pferd gesehen hat, wie es im Galopp auf einer Reitbahn andere Pferde überholte und ihnen dabei folgendes zurief: Zwei Pferde trabten auf einer Reitbahn. Das erste Pferd sagte zum zweiten Pferd: Ich habe neulich mit einem Pferd gesprochen, das ein berühmtes Pferd gesehen hat…«
Das liest Achmed immer lauter und rascher vor, bis es Bassar, der Erzieher, nicht mehr aushält: »Aufhören! Hör endlich auf! Schluß jetzt!«
Achmed zügelt das Pferd, reitet nur noch im Schritt, hört sich an, wie sich der Lehrer beklagt: Andauernd muß er sich Pferde-Rechenaufgaben und Pferde-Übungssätze aus dem Kopf kratzen, aus den Fingern

saugen! Aber sein Kopf ist jetzt leergekratzt, seine Finger sind leergesogen! Er möchte hier endlich, endlich wieder andere Wörter benutzen: Wiedehopf und Maultrommel! Hasenpanier und Hosenboden! Statt dessen hat er nur noch Pferdewörter, nichts als Pferdewörter im Kopf! Und die anderen Wörter, die werden von diesen Pferdewörtern einfach weggeschubst! »Manchmal kommt mir mein armes, zermartertes Hirn so vor, als wäre das nur noch ein Pferdeapfel, den mir jemand in den Kopf gesteckt hat. Manchmal könnte ich wiehern vor Wut!«
Und er reißt den Mund auf, als wolle er tatsächlich wiehern, doch er bleibt stumm und rennt weg.

Als Achmed eines Abends durch den Palast geht, hört er Musik: eine Laute wird gespielt. Er bleibt im Flur stehen und lauscht. Zwei Diener vor einer der Türen; sie nicken ihm zu, öffnen sie. Also tritt er ein. Der Sultan schaut kurz zu ihm, hebt eine Hand zum Gruß, richtet den Blick gleich wieder auf die junge Frau, die für ihn spielt.
Sie sitzt auf einem goldenen Schemel, hat das linke Bein über das rechte geschlagen, im Takt wippt das Pantöffelchen. Ein Strumpf aus feinstem Ziegenflaum. Über dem Fußgelenk ein silberner Reif. Gleich darüber der Bund der seidenen Pluderhose. Sie wird gehalten von einem reich verzierten Stoffgürtel. Aus Seide auch die Bluse. Und aus feinstem Gewebe der Gesichtsschleier.

Der Sultan sitzt einige Schritte von ihr entfernt auf einem Stuhl. Ein kleiner Tisch neben ihm mit Schälchen. Hinter ihm vier Sklaven, jeder mit einem bauchigen Glasbehälter. Der Sultan leert sein Glas, fordert halblaut »Palmenwein!« Schon huscht ein Sklave heran, barfuß, füllt das Glas auf. Der Sultan trinkt, lauscht der Musik, trinkt.
Plötzlich scheint ihm wieder einzufallen, daß sein Sohn im Raum ist; er winkt ihn zu sich, bietet ihm mit einer Handbewegung an, was auf dem Tischchen bereitsteht. Es sind gesalzene Haselnüsse, geschälte Pistazien, kandierte Mandeln. Rasch füllt Achmed die gehöhlte linke Hand, geht ein paar Schritte beiseite. Inzwischen hat sein Vater das Glas geleert, und halblaut ruft er: »Honigwein!« Ein anderer Sklave huscht lautlos zu ihm, füllt das Glas, stellt sich wieder in die Reihe.
Zuweilen beugt der Sultan sich vor, während er zuhört. Einmal nickt er dem Jungen zu, der Nüsse und Mandeln kaut, aber leise. Rasch ist das Glas des Sultans wieder zur Hälfte geleert. Die Sklaven stehen startbereit.
Sobald die junge Frau ein längeres Stück beendet hat, streckt der Sultan fordernd die freie Hand aus. Sofort springt sie auf, überreicht ihm die Laute. Er stellt das Glas ab, packt das Instrument mit beiden Händen, preßt ein Ohr an den Schallkörper. Er scheint beim Lauschen die Luft anzuhalten. Nach einiger Zeit schüttelt er den Kopf, winkt Achmed heran, reicht ihm die Laute. »Du hast jüngere Ohren. Vielleicht hörst du es.«
Der Junge hält das Instrument genauso, wie er das eben gesehen hat, lauscht, doch er hört nichts außer einem

leichten Knarren im Holz. »Meinst du das Knarren?« Der Sultan schüttelt den Kopf. »Hör dich im Holz um.« Achmed lauscht. Halblaut fordert der Sultan jetzt »Rosinenwein!« Der dritte Sklave füllt sein Glas. Nüsse kauend, Wein trinkend schaut der Sultan seinem Sohn zu. Der hört aber nur, wie ein Haarbüschel über eine der Saiten streift.

»Hörst du dort drinnen kein Zwitschern, kein Vogelsingen?« Achmed hält das andere Ohr an den Lautenkörper, aber auch jetzt vernimmt er nichts Besonderes.

»Das muß aber doch zu hören sein...!« ruft der Sultan. »Für diese Laute hat man Holz verarbeitet von einem sehr alten Baum. Auf diesem Baum haben sehr viele Vögel gesessen und gesungen. All der Gesang muß ein Echo gefunden haben im Holz – wenigstens ein ganz fernes Echo...«

Achmed preßt sein Ohr an das Instrument. Es riecht gut – nach altem Holz und nach den Händen der Spielerin. Sie nickt dem Jungen aufmunternd zu, doch er hört nicht das fernste Zwitschern im Holz.

Ungeduldig trinkt sein Vater das Glas leer, fordert nun »Sonnenwein!« Der Sklave huscht heran, der Wein gluckert, der Sklave huscht beiseite. Der Sultan trinkt einen Schluck, kippt den Wein in eines der Schälchen. »Eigentlich wollte ich lieber noch mal Palmwein!« Sofort wird das Glas gefüllt. Kandierte Mandeln schwimmen im Sonnenwein. Der Sultan stellt das Glas ab, streckt den Arm aus, nimmt das Instrument, hält den Schallkörper ans rechte Ohr, kneift die Augen zu.

Er wendet sich an die Musiksklavin. »Laila, du hast

doch gelesen, mit eigenen Augen, daß in einer Laute die Stimmen von Vögeln zu hören sind. Zumindest ist das so bei guten Lauten aus altem Holz – stimmt das?«

»Ja, hoher Herr. Ich habe es mit eigenen Augen in einer Schriftrolle gelesen und eingekerbt im Bauch einer Laute und eingraviert auf einem kostbaren Gefäß –«

»Das reicht völlig! Also muß es stimmen! Aber hier?! Und hier?!« Er preßt die Laute noch mal an das rechte und linke Ohr. »Nicht der kleinste Piepser! Das Holz bleibt stumm. Auf diesem Holz hat also nie ein Vogel gesessen! Und warum nicht? Weil es schlechtes Holz sein muß. Auf schlechtem Baumholz kann ein Vogel nicht gut singen. Aus schlechtem Holz kann man auch kein gutes Instrument bauen. Und ein schlechtes Instrument gehört nicht an meinen Hof! Hast du das verstanden, Laila?«

Der Sultan geht auf sie zu. Auf seiner Stirn zeigt sich wulstig die Zornesader. Er schwingt die Laute, als wäre sie eine Keule.

»Jetzt werd ich euch zeigen, was mit einer Laute geschieht, die stumm bleibt, wo sie uns das Zwitschern von Vögeln schenken soll!« Und er geht, die Laute hart im Griff, auf eine Säule zu.

»Suleman!«, ruft Laila aufspringend. »Es ist ein gutes Instrument! Ich habe oft darauf gespielt. Und stets warst du damit zufrieden!«

»Es ist ein schlechtes Instrument! Es hat keine Ohren für den Gesang von Vögeln! Solch ein Instrument ist es nicht wert, an meinem Hof zu erklingen!«

Und der Sultan schlägt, weit ausholend, das Instrument

mit dem Schallkörper an die Säule. Es ächzt und kracht zugleich. Sofort holt der Sultan wieder aus, schmettert es noch einmal an die Säule. Saiten zerfetzen, der Schallkörper zerbricht. Laila sitzt gekrümmt auf dem Schemel, hält sich die Ohren zu, von Fuß bis Kopf zitternd. Der Sultan wirft das beschädigte Instrument hin, trampelt drauf. Nun ist das Holz sehr laut, es stöhnt, ächzt, kreischt, eine Saite zerspringt wie mit einem Schrei. Mit einem Tritt läßt der Sultan die zerstörte Laute über den Steinboden an die Wand schliddern.

»Sonnenwein!« brüllt er, und noch immer steht die Ader dick auf seiner Stirn. »Das hat mir Durst gemacht!« Der vierte Sklave huscht zum abgestellten Glas, füllt es, huscht in die Reihe zurück, der Sultan trinkt es rasch leer. Sofort wird es wieder gefüllt.

Laila sitzt immer noch vorgebeugt, sie schluchzt. Achmed will heimlich den Raum verlassen, der Sultan aber merkt das: »Du gehst erst, wenn ich das erlaube!« Wieder trinkt er einige Schluck Sonnenwein, geht dann auf Laila zu.

»Du hast überhaupt keinen Grund zu heulen. Morgen werde ich dir die schönste Laute kaufen, die es zwischen Euphrat und Tigris gibt. In ihrem Holz wird man zweiundsiebzig Nachtigallen hören! Und du wirst mir hundertfach dankbar sein! Zeig mir, daß du aufgehört hast zu weinen! Zeig es mir auf der Stelle!«

Zitternd hebt sie den Gesichtsschleier, aber nur so kurz, daß Achmed nichts erkennen kann. Der Sultan zuckt mit den Schultern, trinkt einen Schluck Sonnenwein, sagt, nun schon leiser: »Du kannst gehn, leg dich in mein Bett. Schlaf schon mal vor. Und träume von der neuen Laute. Bedenke: Holz aus Indien! Und womöglich Saiten aus China!«

Sie nickt und hinkt hinaus. Achmed will ihr folgen. »Nein, du leistest mir noch Gesellschaft! Aber ihr vier dort, ihr verschwindet. Vorher wird mein Glas mit Palmwein aufgefüllt. Und die schwimmenden Mandeln, die dürft ihr aufessen.«

Ein kleiner Wirbel von Bewegung, schon sind die vier Sklaven draußen. »Du kannst dich auf ihren Schemel setzen.«

Der Sultan geht auf und ab, das Glas in der Hand, trinkt, geht weiter. Seine Stirn ist fast wieder glatt. »Ich hätte Lust, über Frauen im allgemeinen zu reden und über Laila im besonderen. Ha, Laila! Hast du jemals gehört, daß sie ein Lied singt?! Sie spielt nur Laute. Das ist für eine Musiksklavin eigentlich zu wenig, aber sie spielt doppelt so gut wie andere. Mindestens doppelt so gut. Oder hat sie etwa nicht besonders gut gespielt?«

Achmed nickt. »Eben. Du bist mein Sohn, du verstehst also auch was von Musik. Sie spielt wirklich sehr gut. Wenn ich davon rede, wie sehr gut sie spielt, kriege ich gleich wieder Durst. Rosinenwein!«

Schon huscht einer der Sklaven in den Raum, mandelkauend, füllt das Glas, läuft mandelkauend in den Flur;

die Wächter schließen die Tür. Der Sultan trinkt fast das halbe Glas leer. Und er zeigt zum kleinen runden Tisch: »Wer keinen Wein trinkt, soll wenigstens Nüsse essen!«
Achmed geht zum Tisch, füllt wieder die linke Hand, setzt sich auf den Schemel. Gestikulierend geht der Sultan um die Säule herum; seine Schritte sind breiter als sonst. »Ha, Laila! Soll ich dir verraten, wie sie es angestellt hat? Sie hat mir aus ihrem Sklavinnenzimmer andauernd etwas geschickt. Mal eine Locke ihres schwarzen Haars... Mal ein Stück von ihrem süßen Zahnreiniger... Einen silbernen Ring – diesen Ring hier mit dem Achat aus dem Jemen... Und zuletzt einen aufgerollten, mit Ambra parfümierten Brief. Und weißt du, was sie um diesen Brief gewickelt hatte? Eine Saite ihrer Laute. Ha, Laila! Eine Lautensaite um den duftenden Brief gewickelt...! Das sagt schon allerlei! Aber was im Brief stand, sage ich dir nicht. Bei Allah, meine Füße sind heute nicht leicht, meine Hand ist nicht glücklich, mein Kopf ist nicht klar – aber das *eine*, das weiß ich: kein Wort über den Inhalt des Briefs! Aber wie das so geht, er hat uns zusammengeführt... Ha, Laila! Wie findest du sie?«
»Sie ist schön gekleidet.«
»Ist das alles, was du mir zu sagen hast? Wir sind hier unter uns! Also, sprich offen. Aber vorher brauch ich noch einen Schluck – ja, was nehm ich denn nur? Ach, ganz einfach: Wein!«
Sofort huschen alle vier Sklaven in den Raum, gleichzeitig füllen sie sein Glas auf, tapsen barfuß wieder in

den Flur. »Also, du hattest jetzt Zeit, dir eine Antwort zu überlegen.«
»Ich konnte sie nie so richtig sehen, sie hat immer den Schleier vor dem Gesicht... Warum eigentlich?«
»Aha, mein Sohn hat also ein Auge für Frauen. Sehr gut. Ich will dir sagen, weshalb sie einen Schleier tragen muß, obwohl sie eine Sklavin ist, wenn auch als Herrin meines Herzens: es ist wegen ihrer Augen. Sie hat die hellsten Augen, die ich je gesehen habe. Sie sind so hell wie Wasser, auf das die Sonne scheint. Dieser helle Glanz ist allein für *mich* bestimmt. Andere dürfen an diesem Glanz nicht teilhaben. Nein, ich will den Anblick dieser strahlend hellen Augen mit keinem teilen! Schon gar nicht mit meinem Feind, dem Schildkrötenmörder, der hier am Hofe lebt und bestimmt wieder Böses ausheckt! Bei Allah, ich werde diesen Mann – ich würde ihn am liebsten –«
Und der Sultan bleibt stehn. Er starrt vor sich hin, als wolle er jemanden mit Blicken durchbohren.

Am nächsten Tag striegelt Achmed sein Pferd besonders gründlich. In die Mähne bindet er sieben Ringe, die ihm der Hüter des Hofschatzes aushändigte. Jeder Ring mit einem großen Edelstein. Das sind abwechselnd: ein Türkis, ein Lapislazuli, ein Diamant. Und im siebten Ring eine große schwarze Perle.
Sich selbst schmückt der Junge ebenfalls: er setzt den

schönsten seiner Turbane auf; er ist von Goldfäden durchwirkt.

So reitet er in den Säulensaal. Er läßt das Pferd von einer Ecke aus Anlauf nehmen, und im Sprungbogen fliegen Pferd und Reiter ins kreisrunde Becken. Ein riesiges *platsch!*, Wasser spritzt an die Säulen, an die Wände.

Achmed gleitet im Wasser vom Sattel, hält sich an der Mähne fest. Das Pferd schwimmt im Kreis, Achmed läßt sich mitziehen. Und er beginnt zu singen – es ist die Melodie, die er am Abend zuvor auf der Laute gehört hat.

Schon kommt durch die Seitentür der Sultan in den Saal. Ihn erwartet ein schönes Bild: die Sonne scheint durch die runde Deckenöffnung auf das Becken, läßt die türkisgrünen und lapislazuliblauen Edelsteine aufleuchten, läßt die Diamanten blitzen. Doch der Sultan stellt sich nicht schweigend an den Rand des Beckens, um dieses Schauspiel zu bewundern, er macht die Augen klein, und die Zornesader auf seiner Stirn schwillt an.

»Wie kannst du es wagen, in diesem Becken zu schwimmen? Das ist keine Pferdeschwemme!«

Achmed hört das Wort »Pferdeschwemme« gern, doch er kann sich darüber nicht freuen: zu groß scheint der Zorn des Vaters. So antwortet er kleinlaut: »Ich bin nur aus Versehen hier reingesprungen.«

»Aus Versehen, sagst du, nur aus Versehen bist du mit dem Pferd in dieses Becken gesprungen? Ein so guter Reiter wie du, der fällt nicht einfach ins Wasser!«

Prinz Achmed gibt eine vorsichtige Antwort: »Ich hab das Pferd so gelenkt, daß es versehentlich hier reingesprungen ist.«
Der Sultan stößt einen orientalischen Fluch aus. Dann verlangt er, daß sein Sohn mit dem Pferd augenblicklich das Becken verläßt.
»Ich allein krieg das Pferd aber nicht heraus. Hier sind keine Stufen…«
»Das hast du schließlich vorher gewußt!« Und der Sultan schreit zur Tür: »Sklaven!«
Schon huscht ein erster Sklave in den Saal, weitere Sklaven folgen ihm. Sie alle tragen Arbeitsturbane; die sind weit und dick, weil diese Männer auf ihren Köpfen oft Lasten schleppen müssen. Allerdings bestehen die Turbane aus grobem Gewebe, aus dem man auch Säcke herstellt. Ihre Pluderhosen bestehen ebenfalls aus Sacktuch. Und auf den bloßen Oberkörpern tragen sie Westchen aus Leder, das längst schon glänzt wie Speck. Und sie laufen barfuß.
»Holt das Pferd aus dem Becken! Und weg mit diesem Wasser, laßt neues rein!«
Achmed schaut sich schwimmend um, aber sein Pferd hat keine gelbe Spur im Wasser hinterlassen. Das will er seinem Vater zurufen, der aber hat sich schon umgedreht und eilt hinaus. Bald stehen sechs, dann acht Sklaven mit Arbeitsturbanen am Rand des Beckens, schauen zum schwimmenden Pferd mit den Türkisen und Lapislazuli und Diamanten und der großen schwarzen Perle.
»Schade«, meint der Diener, der als erster gekommen

ist, hält sich die Nase zu und springt ins Wasser. Seile und Gurte werden geholt. Ein zweiter, dritter, vierter Sklave springt ins Becken, in dem bisher nur die Schildkröte schwimmen durfte. Gurte und Seile werden unter dem Pferdebauch durchgezogen. Dann wird das Pferd nach oben gehievt, steht schließlich auf dem Trocknen. Die vier Sklaven, die am Beckenrand gezogen haben, tun so, als könnten sie sich vor Erschöpfung nicht mehr auf den Beinen halten und lassen sich ins Wasser plumpsen. Acht Turbane aus Sacktuch dümpeln nun hier herum.
Das Gejohle und Geplansche kommt dem Sultan zu Ohren. Er eilt in den Säulensaal zurück, sieht schwimmende Turbane, stößt erneut einen orientalischen Fluch aus. Sofort gehen alle Sklaven in Deckung: an acht Stellen steigen Luftblasen aus dem Wasser. Die Sklaven, die zum Luftschnappen hochkommen, tauchen gleich wieder unter. Nur Achmed hält den Kopf über Wasser. Er sieht, daß die Zornesader auf der Stirn seines Vaters noch dicker geworden ist.
»Wieso bist du noch im Wasser?! Wieso erlaubst du den Sklaven, hier herumzuplanschen?! Ich rede heut kein Wort mehr mit dir. Morgen auch nicht. Überhaupt die ganze Woche nicht. Nächste Woche gleichfalls nicht!«
Er wendet sich ab, eilt hinaus, gibt im Vorbeigehen einem Wächter eine Ohrfeige, obwohl der nur zufällig vorbeikam und reinschaute.
Keuchend steigen die Sklaven aus dem Becken. Von den Turbanen läuft Wasser, rinnt über Gesichter und

Nacken. Die Pluderhosen sind erst prall wie Wassersäcke, aber rasch läuft das Wasser heraus, und das grobe Tuch klebt an den Beinen.
Als letzter verläßt Achmed das Wasser. Auch ihm ist das Lachen vergangen.

Eigentlich, so denkt Achmed am nächsten Tag, eigentlich müßte es überall im Palast nach Pferd riechen, aus Rache...
Kaum gedacht, schon getan! Achmed holt aus dem Stall einen Ledereimer Pferdeäpfel, wirft sie in Vasen, preßt sie flach in Schriftrollen, schmuggelt sie im Ankleidezimmer seines Vaters in vorgewickelte Turbane.

Der Sultan stößt einen seiner kräftigen orientalischen Flüche aus, sobald er einen Raum betritt, in dem es nach Pferdeäpfeln riecht, und er brüllt die Sklaven an. Die rennen und schnuppern umher, holen Pferdeäpfel aus dickbauchigen Vasen, schütteln Pferdeäpfel aus Sitzkissen, pokeln zerquetschte Pferdeäpfel aus Turbanen und Schriftrollen, finden Kostproben von Pferdeäpfeln sogar in Wasserpfeifen.
Kaum haben die Sklaven einen Raum verlassen, in dem

sie erfolgreich alle Pferdeäpfel aufgespürt haben, schon öffnet sich leise die Tür: Prinz Achmed schmeißt ein paar Pferdeäpfel in die Ecken und verduftet.
Sobald der Eimer leer ist, trägt ihn Achmed zum Pferdestall zurück. Dabei singt er vor sich hin: »Ein Pferd kam in die Küche und stahl dem Koch ein Pferd, da nahm der Koch den Löffel und schlug das Pferd entzwei, drauf kamen viele Pferde und gruben ihm ein Grab, drauf setzten sie den Grabstein, auf dem geschrieben stand: Ein Pferd kam in die Pferde und stahl dem Pferd ein Pferd, da nahm der Pferd den Pferdel und schlug das Pferd entpferd, drauf kamen viele Pferde und gruben ihm ein Pferd, drauf setzten sie den Pferdpferd …«

Prinz Achmed hat sich so sehr an das Reiten gewöhnt, daß er nicht mal zum Mittagessen absteigen und sich an einen Tisch setzen will.
»Da rutscht bei mir das Essen nicht!« meint er. Wenn er dagegen von einem Pferd geschaukelt wird, rutscht das Essen sehr gut.
Mittags ißt er bekanntlich keine Hafernahrung, sondern Speisen aus der Palastküche: zuerst eine Suppe, danach ein Hauptgericht, abschließend eine Nachspeise. Trotzdem nennt Achmed dieses Essen »Hafer« – nur ist es Hafer in drei Gängen.
Wenn er hungrig ist, ruft er: »Ich hätte gern meinen Suppenhafer!«
Sobald ein Diener mit einem Napf Suppe hereinkommt,

reitet Achmed dicht an ihn heran, packt den Napf so geschickt, daß nichts überschwappt.
Er lehnt sich an den Pferdenacken, streckt die Beine aus und schlürft die Suppe. Den leeren Napf wirft er dem Sklaven zu, oft auf größere Entfernung: deshalb muß ein Diener so gut schnappen können wie ein Erzieher. Schon ruft Achmed: »Jetzt könnte der Haupthafer kommen!«
Der Diener muß ihm jetzt kein Besteck zuwerfen, das wird im Morgenland nicht gebraucht, man ißt auch im Palast eines Sultans mit den Fingern. Also greift sich Achmed im Vorbeireiten das Hauptgericht: Linsen oder Bohnen oder Gurken auf dem Teller, gesalzener Fisch, gebratener Fisch oder gebackener Fisch. Oder Fleisch vom Schaf, vom Hammel, vom Kranich oder Reiher. Wieder lehnt sich Achmed an den Pferdenacken, speist in aller Ruhe.
Sobald er fertig ist, wirft er dem Sklaven den Teller zu; der schnappt ihn, bringt die Nachspeise zur Reitbahn. Das ist ein Stück Melone oder honigtriefendes Gebäck. »Der Nachhafer hat gut geschmeckt!« ruft er dann. »Sag das den Sklaven in der Küche!«
Nach dem Essen macht der Prinz, wie im Morgenland üblich, ein Mittagsschläfchen. Unter den 48 Pferden im Reitstall des Sultans gibt es einen breitgebauten Kaltblüter, der wird nun auf die Reitbahn geführt. Achmed springt auf dieses Schlafpferd hinüber, legt sich auf die Satteldecke, macht die Augen zu, schon ist er eingeschlafen.
Nachdem das Schlafpferd etwa fünfzig bis sechzig Run-

den getrottet ist, wacht der Prinz auf, gähnt wiehernd und ruft: »Nun kann ich endlich nach Herzenslust reiten! Bringt mir *Morgenwind*!«
Sogleich wird von einem Pferdeknecht mit Stroh im Arbeitsturban das weiße Lieblingspferd des Prinzen hereingeführt. Achmed springt vom Schlafpferd hinüber, reitet diesmal aber nicht in den Garten hinter dem Palast, sondern durch die Vordere Pforte in die Stadt. Sofort folgen ihm Utman und zwei andere Offiziere. Achmed versucht, ihnen zu entkommen. Er galoppiert am Bewässerungsgraben und an den würfelförmigen Häusern entlang, biegt diesmal in die Seitenstraße ein, schwenkt von ihr ab in eine kleine Gasse – schon ist er die Offiziere der Palastwache losgeworden.
Sobald er eine Gruppe von Kindern sieht, pariert er das Pferd durch, bindet *Morgenwind* am nächsten Pfosten fest, löst vom Gürtel ein Ledersäckchen, schüttet es aus: Murmeln in verschiedenen Farben. Weil keiner sonst so schöne Murmeln hat, geben die Kinder sofort jedes andere Spiel auf und rennen zu ihm.
Kaum aber sind die ersten Murmeln geflogen und gerollt, schon sind die Aufpasser zur Stelle: ängstliche Stadtbewohner haben ihnen verraten, wohin der Prinz geritten ist. Utman ist der erste: er springt aus dem Sattel. »Tut mir leid, daß wir dieses Spiel schon abbrechen müssen; ich habe Befehl, dich möglichst rasch zurückzubringen.«
Achmed möchte wenigstens die erste Partie zu Ende spielen. »Wen stört es eigentlich, wenn ich mal eine halbe oder viertel Stunde mit Kindern spiele?!«

»Es stört deinen Vater, den großmächtigen Sultan. Es stört deshalb auch Abu Dulaf, den mächtigen Wesir. Also stört es auch die hohen Offiziere, denen wir jungen Offiziere gehorchen müssen.«
Die beiden anderen Offiziere, die auch längst abgesprungen sind, nicken. Utman fährt fort: »Wir alle wissen, daß dein Vater, der Sultan, sehr zornig werden kann. Was dann geschieht, hat so mancher an den Fußsohlen zu spüren bekommen. Nach so einer Bastonade kann man tagelang nicht mehr gehen. Da kann man nicht einmal mehr die Füße in die Steigbügel schieben. Also denk an unsre empfindlichen Fußsohlen, Prinz, und kehr mit uns zurück.«
Weil Achmed sehr traurig dreinschaut, macht Utman einen Vorschlag: »Auf dem Rückweg könnten wir ein kleines Wettreiten veranstalten. Meine Freunde haben sicher auch Lust darauf.«
Achmed will erst die Murmeln einsammeln, doch dann sagt er den Kindern: »Ach was, die könnt ihr behalten. Im Palast krieg ich Murmeln, soviel ich will.« Und er schwingt sich in den Sattel.
Während die vier durch Straßen und Gassen zum Nordtor reiten, im Schritt, manchmal im Trab, will Achmed endlich erfahren, weshalb Offiziere, Wesire und Sultan so sehr dagegen sind, daß er zwischendurch mit anderen Kindern spielt.
Aber Genaueres weiß Utman nicht. Er hat nur den Befehl bekommen, den »Ausreißer« immer möglichst rasch zum Palast zurückzubringen. Aber das eine und andere wird im Palast schon mal erzählt. Demnach hat der Sul-

tan wohl Angst, sein Sohn könnte sich anstecken. Zum Beispiel mit der Augenkrankheit, die im Morgenland viele Augen milchig trüb macht. Auch wird befürchtet, dem Prinzen könnte eine Falle gestellt werden, und schon wird er entführt, und der Sultan ist gezwungen, etwas zu tun, was er nicht tun will. »Sicher gibt es noch andere Gründe«, fügt Utman hinzu, »aber die sind uns nicht zu Ohren gekommen. Wir jungen Offiziere dürfen nicht weiter fragen, warum wir etwas tun müssen, das wird uns so befohlen, und wir müssen das ausführen. Nur deshalb bringen wir dich zum Palast zurück. Aber niemand kann dort nachprüfen, wie lange wir für diesen Rückweg brauchen. Also können wir jetzt das kleine Wettreiten machen, falls du noch Lust hast.«

Sie sind inzwischen nordwärts aus der Stadt hinausgeritten. Dort wird sie also keiner beobachten können aus dem Palast im Osten der Stadt.

Auf dem breiten Weg stellen sie sich nebeneinander auf. Einer der Offiziere schlägt vor, sie sollten bis zu einer besonders hohen Dattelpalme reiten, die in der Ferne am Weg steht. Utman und Achmed sind einverstanden. Ein Offizier zählt arabisch bis drei. Schon galoppieren die Pferde los: das weiße Pferd Achmeds, das schwarze Pferd von Utman, die beiden Braunen.

Auf dem ersten Stück ist Achmed vorn. Er ist ja auch am leichtesten. Doch Utman holt auf seinem Rappen den Schimmel ein. Kurz noch galoppieren sie nebeneinander, dann zieht Utman davon. Er ist ein paar Pferdelängen voraus, als er die Palme erreicht.

»Sieger!« ruft er. Gleich darauf ist Achmed da: »Zwei-

ter Sieger!« Schon treffen die beiden anderen Offiziere ein. Sie alle parieren die Pferde durch, kehren im Schritt zur Palme zurück. Der Junge schaut ein bißchen traurig drein.
»Prinz, sei bitte nicht beleidigt«, sagt Utman. »Ich konnte dich nicht gewinnen lassen, nur weil du der Sohn des Sultans bist. Wenn wir um die Wette reiten, dann reiten wir *richtig* um die Wette! Vielleicht gewinnst du das nächste Mal.«

Einen Tag später erscheint die neue Frau des Sultans bei Achmed im Zimmer. Er legt die Schriftrolle beiseite, bleibt abwartend sitzen. Sie nickt ihm zu, schlägt den Schleier hoch. Ihre schmale Nase ist sehr betont, die Augen sind groß, scheinen an diesem Tag aber nicht so recht zu leuchten.
Sie schaut sich um, saugt prüfend die Luft ein: »Riecht nach Pferd hier... Riecht wirklich sehr, sehr nach Pferd hier...«
Sie geht durch den Raum, bleibt am Bett stehen, auf dem eine große Pferdedecke ausgebreitet ist, setzt sich auf die Bettkante, streckt das rechte Bein aus, beschaut es. »Ich hätte als Kind lieber auf einem Esel reiten sollen statt auf diesem störrischen Dromedar. Das ist leider ein ganzes Stück höher als ein Esel – das hat mein Knie beim Sturz ganz schön zu spüren bekommen!«
Die junge Frau schaut zum Stroh, das in der Ecke auf-

geschüttet ist. »Dein Pferd ist ja gar nicht hier. Man hat mir erzählt, es wäre die ganze Zeit bei dir im Zimmer.«

»Ab und zu ist es im Stall, bis zum Abend. Es will auch mal unter Pferden sein...«

»Da bin ich ja im rechten Moment gekommen, um dir ein bißchen Gesellschaft zu leisten. Oder stör ich dich beim Lesen?« Achmed schüttelt den Kopf. »Darf ich erfahren, was du grade liest?«

»Eine Pferdegeschichte.«

»Von einem Jungen und seinem Lieblingspferd?«

»Nein, die geht anders.«

»Ja, und wie geht diese Geschichte?« fragt Laila. »Sag es mir wenigstens ganz kurz.«

»Also, dieses Pferd ist an einem Vormittag sehr unruhig im Stall, ganz, ganz unruhig. Es stampft und schlägt mit dem Schweif und wirft den Kopf hoch und wiehert. Weil sein Herr, der Kaufmann, es anders nicht beruhigen kann, reitet er mit ihm aus, obwohl er eigentlich keine Zeit hat. Während sie draußen vor der Stadt reiten, kommt ein großes Erdbeben. Und als sie zurückkehren, ist der Stall eingestürzt, und das Haus des Kaufmanns ist gleichfalls eingestürzt. Also wäre der Kaufmann unter den Trümmern begraben worden!«

»Ich verstehe – das Pferd hatte ein besonderes Gespür. Es soll auch Menschen geben, die ein Gespür dafür haben, wann etwas auf sie zukommt – ungefähr wie ein kleines Erdbeben. Aber das sind Dinge, von denen wirst du noch nichts verstehn. Du wirst wahrscheinlich so manches nicht verstehn, was unter uns Erwachsenen geschieht. Aber wenn ich dir jetzt sage, daß ich ganz von selbst zu dir gekommen bin – glaubst du es mir?«

Achmed nickt. Laila rutscht ein Stück weiter aufs Bett, streckt das rechte Bein aus. »Was Suleman nicht sieht, das kommt ihm zu Ohren. Zum Beispiel durch den Erzieher, dem du zu viele Pferdewörter in den Kopf gesetzt hast. Er hat dem Sultan mitgeteilt, daß er dich nicht mehr unterrichten kann, er hat gekündigt. Der Sultan hat die Kündigung angenommen, aber er ist zornig geworden. Du weißt, wie rasch deinen Vater der Zorn packen kann. Er hat geschrien: ›Ich red jetzt kein Wort mehr mit dem Jungen!‹ Man weiß nie, wie lange sein Zorn anhält – kann sich rasch verziehen, kann tagelang bleiben... Und so dachte ich mir: Geh zu Achmed und red mit ihm. Du merkst das nicht so, aber dein Vater macht sich Sorgen um dich – wenn ihn das *andere* Problem nicht zu sehr beschäftigt. Ein paarmal hat er mich schon gefragt: ›Hat der Junge eigentlich nichts als Pferde im Kopf?‹«

Achmed schaut zum Fenster, vor dem eine Palme mit langen Wedeln vor sich hinraschelt. Die junge Frau rutscht zur Bettkante vor, steht auf, geht zum Jungen, der auf dem Hocker sitzt, bleibt hinter ihm stehen, beugt sich vor, legt ein Ohr auf seinen Kopf, ganz oben, scheint den Atem anzuhalten. »Ja, ich hör schon was... Hufschlag... und Wiehern... und Schnauben... und Hufschlag... der Hufschlag schallt durch den ganzen Kopf, von vorn nach hinten, von hinten nach vorn... und das Wiehern schwingt vom rechten Ohr

zum linken Ohr und wieder zurück... Und in der Mitte ein Schnauben... Ja, und Hufscharren... Jetzt hör ich sogar, wie ein Pferdeapfel auf trockenen Lehmboden fällt – plopp!«
Sie richtet sich wieder auf, geht zum Bett, setzt sich auf die Kante. »Ich hab auch was anderes in deinem Kopf gehört, nämlich viele Wörter aus der Pferdesprache. Pferdeweg und Suppenhafer und so weiter. Was ich ebenfalls gehört habe: daß noch viele andere Wörter in deinen Kopf passen. Und siehst du, genau des-

halb macht dein Vater sich Sorgen. Er sagt sich und sagt es manchmal auch mir: ›Wenn Achmed einmal Sultan ist, redet er ja nicht allein mit Pferdehändlern und Pferdekennern, da muß er mit Offizieren über Militärisches sprechen, mit Wesiren und Großwesiren über Fragen der Verwaltung, mit Kaufleuten über den Handel. Damit es dabei keine Mißverständnisse gibt, muß er mit Offizieren in der Militärsprache, mit Wesiren in der Verwaltungssprache, mit Kaufleuten in der Händlersprache reden. Aber wann und wo und wie lernt er die Militärsprache, die Verwaltungssprache und die Händlersprache?‹ Das fragt sich der Sultan, wenn er das andere Problem einmal vergißt. Und jetzt stelle ich diese Frage. Aber ich will keine Antwort überbringen. Suleman weiß ja nichts von meinem Besuch bei dir. Ich bin einfach mal hierher spaziert. Und jetzt hinke ich in mein Zimmer zurück und übe auf dem Oud. Wenn du willst, kannst du mitkommen und zuhören. Sobald du keine Lust mehr hast, gehst du wieder. Einverstanden?«

Achmed nickt. Die junge Frau erhebt sich, der Junge steht auf. »Die neue Laute hat den Bauch voll schöner Klänge, die muß ich herauslocken mit den chinesischen Saiten. Dann leg ich nochmal mein Ohr an deinen Kopf und hör, ob die Klänge darin ihr Echo finden...«

Kaum aber sind sie auf dem Flur, trippelt ihnen eine kleine Dienerin entgegen. Sie verbeugt sich vor Laila und sagt beinah weinend: »Der Sultan verlangt nach Euch. Dringend!«

»Dann wird es heute nichts mehr mit dem Lautenspiel«,

sagt Laila. Sie nickt und winkt dem Jungen zu, geht mit der kleinen Dienerin davon. Achmed schaut ihr nach: das Hinken scheint noch deutlicher beim raschen Gehen.

Zu Beginn eines Morgenritts sieht Achmed, daß sein Vater zur Jagd aufbricht, mit mehreren Herren. Gleich trabt er zur Männergruppe vor dem Stallgebäude, begrüßt den Sultan: »Allah sei mit dir.«
Der Sultan nickt, aber das Nicken scheint eher dem Schimmel zu gelten. »Das wollte ich dir längst schon mal sagen: Du auf diesem Pferd, das sieht wirklich sehr viel besser aus!« Und der Sultan wendet sich an einen der Herren: »Wo ist denn nun dein Hund?« Der Mitjäger schimpft: »Der Molosserhund hat sich von seinem Jagdhelfer losgerissen und muß erst wieder hergeholt werden.«
Bis der Hund zurück ist, kann es noch eine Weile dauern, also spricht Achmed wieder seinen Vater an: »Darf ich ausnahmsweise mal mitkommen?«
»Wozu denn das?« fragt der Sultan, und es klingt gereizt.
»Auf einer Jagd hat man doch schon mal Zeit, also könnten wir uns was erzählen«, meint Achmed. »Und ich könnte dir den Bogen tragen. Und ich könnte dir beim Schießen die Pfeile reichen. Und ich könnte mit dem Pferd die toten Enten und Gänse aus dem Wasser holen und die Ibisse und Kraniche.«

»Das hört sich alles ganz hübsch an. Aber du darfst dich nicht in Gefahr bringen. Oder willst du im Sumpfgewässer ertrinken, bevor du Sultan bist?«
»Mein Pferd kann sehr gut schwimmen! Ich halt mich an der Mähne fest, und es zieht mich.«
Der Sultan wiegt den Kopf mit dem kleinen Turban aus dunklem Leinen. »Schön und gut, aber du könntest dich in der Hast und Aufregung verschlucken, schon gehst du unter. Sowas kann man sich nicht leisten, wenn man später ein hohes Amt übernehmen soll. Und noch dazu der einzige Sohn ist, dessen Leben doppelt und dreifach, vierfach oder fünffach wertvoll ist...«
Achmed verspricht ihm, gut aufzupassen bei der Jagd. Und er wiederholt: »Bitte erlaub uns, daß wir die abgeschossenen Vögel aus dem Wasser holen.«
Nun wird der Sultan ungeduldig. »Wer hat eigentlich behauptet, daß wir bloß Wasservögel schießen? Wir jagen schließlich auch im Schilfwald. Da könnte dich zum Beispiel ein Keiler annehmen.«
Achmed weiß nicht, was ein *Keiler* ist, und er versteht nicht, was hier das Wort *annehmen* bedeutet. Sein Vater triumphiert: »Da siehst du es – du verstehst nicht mal unsere Jägersprache! Da weißt du im Notfall überhaupt nicht, was los ist. Ein Keiler ist ein Wildschwein, ein Eber unter den Wildschweinen, und annehmen heißt in diesem Fall: angreifen. Aber wer das Wort nicht kennt, weiß auch nicht, wie das ist, wenn ein Keiler angreift. Der bricht ganz plötzlich aus dem Schilf hervor oder planscht durch das Wasser heran, wo es nicht zu tief für ihn ist, da spritzt das Wasser

beim Schweinsgalopp, und ehe man dem Keiler die Lanzen, die Saufedern entgegengestreckt hat, ist er schon da, und wenn du in dem Moment gerade nicht auf dem Pferd sitzt, nimmt er dich an mit dem Hauer und dem Haderer, mit seinem Gewaff! Aber ich seh schon an deiner Nasenspitze, daß du wieder kein Wort verstehst. Die Rede ist von den Eckzähnen, den gefährlichen Eckzähnen eines Keilers, die sind so scharf wie Rasiermesser, mit denen kann dir ein Keiler den Unterschenkel aufreißen und den Oberschenkel noch dazu. Dann stehst du später aber schlecht da als Sultan. Also, schlag es dir aus dem Kopf, du kommst nicht mit auf die Jagd. Schließlich verstehst du kein Wort von dem, was los ist.«
Achmed sagt, daß er doch nun wisse, was *annehmen* heißt und was ein *Gewaff* ist, also wird er gut aufpassen.
Der Sultan betont aber gleich, daß es noch viele Wörter des Waidwerks gibt, die sein Sohn nicht versteht. »Oder weißt du vielleicht, was *Losung* und *Trittsiegel* bedeuten?«
Achmed will das lernen, so schnell wie möglich, wenn er nur, bitte, mitgenommen wird.
Aber davon möchte der Sultan wirklich nichts mehr hören. »Während wir auf der Jagd sind, solltest du die Zeit nutzen und ein bißchen lesen. Aber keine Pferdegeschichten mehr, wenn ich bitten darf! In wenigen Tagen kommt der neue Erzieher, und dann ist es vorbei mit der Pferdesprache! Wenn du Sultan wirst, mußt du die Sprache von Jägern und Händlern, von Baumeistern

und Offizieren beherrschen. Ich habe voriger Tage noch meine schöne Freundin zu dir geschickt, damit dir das endlich mal klar wird!«
»Aber sie hat gesagt, sie wär ganz von allein zu mir gekommen...«
»Ha, Laila, was bildet die sich ein?! Was nimmt die sich heraus?! Solang ich Laila nicht heirate, bleibt sie Sklavin und hat zu tun, was ich ihr sage. Sie würde es nicht wagen, ohne meine Anweisung zu dir zu gehn. Sowas ist ausgeschlossen! Ich habe sie zu dir geschickt, weil ich selber keine Zeit hatte. Und jetzt habe ich auch keine Zeit mehr zu verlieren – der Molosserköter ist endlich zurück, es kann losgehn!«
Der Sultan hebt die Hand, beginnt zu reiten. Aber rasch dreht er sich noch einmal um, zügelt das Pferd. »Nun schau mich doch nicht so böse an!«
Er reitet zum Jungen zurück. »Ich will dir etwas sagen, was dich wieder freundlich stimmt. Du kennst ja Abu Dulaf, den dicken, den ganz dicken Wesir. Er gehört nicht gerade zu deinen Freunden, wie ich hörte. Ich habe ihn einsperren lassen. Er hat eine verdächtige Bemerkung fallenlassen in seinem Freundeskreis: ›Alles im Zeichen der Schildkröte am Sultanshof...‹ Das klingt nach Verschwörung! Ich bin ziemlich sicher, daß Abu Dulaf die Schildkröte nicht selber getötet hat, dazu ist er viel zu fett und ungeschickt, aber er könnte dahinterstecken. Daß er nun im Kerker sitzt, wird den anderen eine Warnung sein. Ja, ich werde meine Feinde mundtot machen! Ich werde sie niedermachen!«

Und er ballt die Faust, trabt davon. Die Herren, die Treiber, die Hundeführer, die Sklaven, die auf ihn gewartet haben, sie schließen sich dem Sultan an. Und Achmed hat das Nachsehn.

Der Junge reitet in den Palast. Er ist nicht traurig, daß Abu Dulaf, der »Fleischberg«, eingesperrt wurde, aber er ist sehr traurig, daß sein Vater ihn nicht auf die Jagd mitnimmt. Er will keinen mehr sehen für die nächsten Stunden, deshalb reitet er in den Säulensaal. Seit im Becken nichts mehr schwimmt, ist der Saal verlassen.

Aber diesmal kniet jemand am Beckenrand. Achmed will gleich wieder aus dem Saal herausreiten. Der Mann aber richtet sich auf und sagt halblaut: »Allah sei mit dir, Prinz Achmed. Laß dich von meiner Wenigkeit nicht stören.«

Es ist ein kleiner älterer Mann mit weißem Arbeitsturban. Die Haut seines Gesichts sieht aus wie mit Mehl bestäubt. Auch sein brauner Kittel scheint weiß bepudert. Um so auffälliger ist die Ummalung seiner Augen: fingerbreit, ja daumenbreit sind sie von schwarzem Puder umgeben.

Der Alte hat weiße, flache Platten vor sich liegen. »Ich bin der Mann, der das Wasser salzt.« Er hebt eine der unregelmäßigen Platten hoch: »Salz aus dem Persischen Meerbusen. So trocknet es dort am Ufer, in den Lagunen, die meiner Aufsicht unterstellt sind. Meine Wenigkeit muß übrigens auch das Salz besorgen für die Küche

des Palastes. Gelegentlich bin ich auch am Salzhandel beteiligt.«
Der Alte, der noch immer am Beckenrand kniet, deutet eine Verbeugung an. »Nun weißt du, worin meine Aufgabe besteht. Und wenn ich alter Salzknabe noch meinen Namen nennen darf, so tue ich das gern. Er lautet: Asida. Bitte mit besonders langem I aussprechen: Asiiida. Nur dann wird das Salz ganz weiß, pflegt meine Wenigkeit zu sagen… Die hat nun die Aufgabe, das Quellwasser hier für Meerestiere schmackhaft zu machen. Die schöne indische Schildkröte hat sich in meinem Salzwasser sehr wohl gefühlt – bis ihr der unbekannte Bösewicht den Hals durchschnitten hat. Allah möge ihn endlich bestrafen.«
Er hält eine Salzplatte in den Wasserstrahl aus dem Rohr, rubbelt die Fläche: so wird Salz abgerieben und vom Wasser abgeschwemmt. Er steht auf, geht zu einer Säule, kehrt mit einem langen, starken Schilfrohr zurück, geht einmal langsam um das Becken, rührt mit der Stange im Wasser, lehnt das Schilfrohr hinter die Säule, kauert neben dem Jungen nieder, hält wieder eine Salzplatte in das einlaufende Wasser, rubbelt.
»Für welches Meerestier mußt du das Wasser denn salzen?«
»Ich weiß nur, daß auf Anweisung deines gestrengen Herrn Vaters ein Meereslebewesen in das Becken kommen soll. Ich nehme an, aus dem Persischen Meerbusen oder aus dem Roten Meer. Und nicht aus dem Indischen Meer…«
Der alte Mann seufzt, läßt weiterhin Wasser über die

Salzplatte laufen. Immer wieder muß Achmed zur schwarzen Ummalung der Augen schauen. Asida lächelt: »Ich sehe, wohin dein Blick fällt. Diese schwarze Ummalung schützt mich ein wenig vor der unerträglichen Helligkeit der Salzflächen im Sonnenlicht. Du mußt dir vorstellen, solch eine Lagune ist eine weite Fläche von Salz, das zurückbleibt, wo das flache Wasser verdunstet. Und wenn die Sonne viele tausend Salzkörnchen aufblitzen läßt, so tut das den Augen weh. Das starke Licht wird durch diesen schwarzen Puder ein wenig gedämpft. Das habe ich übrigens von meiner Mutter gelernt, der Wüstentochter. Auch sie hatte die Augen schwarz ummalt, weil das Licht in der Wüste so grell sein kann. Die Zeltbahnen, die sie gewebt hat, aus Ziegenhaar, die waren ebenfalls schwarz. Sonst hätten wir auch im Zelt dauernd blinzeln müssen – die Zeltwand zum Süden ist ja immer weit geöffnet... Hast du schon mal in der Wüste in einem Zelt geschlafen?«
Achmed schüttelt den Kopf. Und er starrt nun erst recht auf die schwarz ummalten Augen unter dem weiß bestäubten Turban.
Er ist in der Wüste, in der Steppe aufgewachsen, sagt der alte Mann. Und er möchte noch einmal lange durch die Wüste ziehen. Er beneidet Achmed, weil der vielleicht bald schon durch große Wüsten reiten wird. Das hat er nicht in den Sternen gelesen, das weiß er...
Der alte Mann hält noch einmal eine Salzplatte unter den Wasserstrahl, reibt sie mit der Handfläche. Achmed sieht, daß die Hände rauh sind, rissig.

»Bist du bereit, ein Geheimnis zu erfahren und für dich zu behalten?« fragt nun Asida. Der Junge nickt. Plötzlich hat er einen trocknen Mund. Er beugt sich vor zum Wasserrohr, trinkt drei große Schlucke, setzt sich.
»Ich habe gewußt, mein Prinz, daß es dich wiederholt in diesen Saal, zu diesem Becken zieht. Ich bin auch gekommen, um dir eine geheime Nachricht zu überbringen, aus dem fernen Indien...«
Weil der alte Mann noch leiser spricht, kniet der Junge neben ihm hin, am Beckenrand. Nun sieht Achmed, daß auch die Brauen des zerknitterten Mannes weiß bestäubt sind.
»Diese sehr geheime Nachricht, mein Prinz, stammt von deiner Mutter. Sie ist nur an dich gerichtet, der Sultan darf kein Wort davon erfahren. *Kein Wort!* Wenn dein Vater erfährt, daß ich dir eine Nachricht von ihr überbringe, läßt er mir die Fußsohlen durchpeitschen. Weil auch meine Füße salzig sind, wäre das doppelt schmerzhaft. All dieses Salz brennt schon genug, das kannst du mir glauben...«
»Ich werde schweigen wie ein Pferd.«
»Gut, dann spreche ich weiter. Deine Mutter läßt dir melden, daß sie im fernen Indien lebt. Als sie von dir Abschied nehmen mußte, konnte sie noch nicht ahnen, daß es sie dorthin verschlagen würde. Also hat sie das auch nicht vor dir verheimlicht, damals. Aber inzwischen hat es sich so ergeben. – Viele Männer haben damals Ischwari Sajadschi Prasad Mansa Madhu Mahip Singh hierher begleitet, du wirst dich erinnern. Einer dieser Männer hat sich liebevoll um deine Mutter

gekümmert. Sie wohnt nun unter seinem Dach, und es geht ihr gut. Er ist ein Mann, bei dem sich keine Zornesader auf der Stirne zeigt. Und er nimmt eine wichtige Stellung ein am Hof des Maharadschas. Es ist inzwischen freilich ein neuer Maharadscha. Als Ischwari Sajadschi Prasad Mansa Madhu Mahip Singh von seinem Besuch hier in sein Fürstentum zurückkehrte, hatte mittlerweile dessen Halbbruder die Herrschaft übernommen. Man könnte auch sagen: Er hat sie an sich gerissen. Der neue Maharadscha hat wieder einen kurzen Namen, er heißt Dschai Narain Singh. Auch er braucht Männer, die besondere Fähigkeiten besitzen, zum Beispiel beim Bemalen von Elefanten. Ja, der Mann, bei dem deine Mutter lebt, ist Akbar der Elefantenmaler.«

Der Junge nickt, bestimmt zehnmal hintereinander. Im Saal ist jetzt nur das Plätschern und Gluckern zu hören. Von draußen der Schrei eines Raben – Asida schaut kurz auf.

Der alte Mann sagt, daß er dies alles von einem Händler weiß, der vor allem Gewürznelken kauft und verkauft. Weil der sowieso von Sansibar über Indien ins Zweistromland zurückreiste, hat ihm Achmeds Mutter die Botschaft mitgegeben.

Der Alte schweigt. Kurz schaut er zu Achmed, dann tunkt er einen Finger ins Wasser, steckt ihn in den Mund, schüttelt den Kopf. »Noch nicht salzig genug…« Er rubbelt wieder Salz ins einlaufende Wasser, spricht weiter.

»Deine Mutter hat den Wunsch, den Herzenswunsch,

dich wiederzusehen. Weil sie nicht hierher reisen kann, müßtest du sie besuchen. Mit dem Schiff wäre das zu auffällig und zu gefährlich. Also müßtest du zu ihr reiten. Das müßte geschehen, bevor die große Sommerhitze eintritt, die Zeit der Sandstürme. Noch ist draußen nicht alles Grün vertrocknet. Noch wird ein Fisch, den man aus dem Wasser zieht, nicht in kurzer Zeit zum Dörrfisch. Oder zum Salzfisch...«

Er taucht den Zeigefinger nochmal ins Wasser, ist immer noch nicht zufrieden, salzt nach. Er spricht, als würde er vor sich hinsagen, was ihm gerade in den Sinn kommt. »Am besten wäre natürlich, man würde mit mehreren Pferden aufbrechen. Dann könnte man unterwegs immer mal wieder eines verkaufen, sobald man Nahrung und Wasser braucht. Vor allem wird man Wasser brauchen auf solch einer Reise. Sie führt von hier aus immer nach Südosten: über das Gebirge, danach durch die Wüste Lut, die eine Salzwüste ist, danach wieder über Gebirge, danach durch die Wüste Tharr, die keine Salzwüste ist, und dann ist man fast schon am Ziel. Zwischen den Städten Jodhpur und Jaipur oder Jaipur und Jodhpur liegt das Fürstentum des neuen Maharadschas. In einem Haus, über dessen Dachterrasse abends kühlender Lufthauch zieht, wirst du deine Mutter finden. Sie wird dir viel zu erzählen haben. Ebenso gern wird sie zuhören, wenn du erzählst. Und wenn ihr einmal nicht beisammensitzt, so kannst du zur Abwechslung auf einem Tiger reiten. Natürlich werden seine Zähne und Krallen vorher stumpf geschliffen. – Dies alles läßt sie dir übermitteln, damit du Lust bekommst, sie zu besuchen. Sie weiß, dein Vater, *der Zornige* genannt, wird dir das nicht erlauben. Aber sie ist sicher, du wirst einen Vorwand oder eine Gelegenheit finden. Und ein Reiter, der seine Mutter besucht, wird wie vom Wind getragen…«

Einen Moment lang schaut der alte Mann traurig vor sich hin. Asida gibt sich einen Ruck. »Ich habe dir übrigens etwas mitgebracht.« Aus seinem Kittel zieht er ein Stück dickes Schilfrohr, das unten und oben mit Holzstöpseln verschlossen ist. »In diesem Rohr ist schwarzer Puder. Wenn du durch die Wüste reitest, streich ihn dir rund um die Augen – er wird ihnen wohltun.«

Achmed übernimmt das Rohrstück, schiebt es hinter den Gürtel. Der alte Mann nickt. »Und nun leg deine

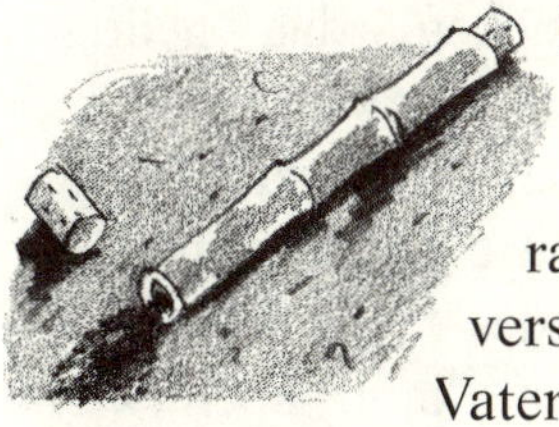

Handflächen auf die Salzplatte und versprich mir, daß du über unser Gespräch kein Wort verraten und daß du meinen Namen verschweigen wirst. Vor allem dein Vater darf nicht das Geringste über diese Begegnung erfahren. Also darfst du auch nicht das Unglück des Maharadschas erwähnen, der sein Freund wurde. Das muß dir aber keine Kopfschmerzen bereiten: dein Vater wird durch den Gewürzhändler sowieso erfahren, daß sein Freund eingesperrt ist. Also, du versprichst mir bei allen guten und bösen Geistern des Landes der beiden großen Ströme, daß du mich durch völliges Stillschweigen beschützt?«

Der Junge nickt, preßt die Handflächen auf die größte der Salzplatten. »Ich verspreche es dir. Sonst soll dieses

Salz mir lebenslang in den Augen brennen.« Asida nickt, und seine Augen scheinen feucht zu werden. Rasch beugt Achmed sich vor und küßt den alten Mann auf die Stirn; sie schmeckt salzig.

In seinem Zimmer öffnet der Junge das schwarze, silberverzierte Kästchen, nimmt die Kette mit Nelkennägeln heraus, preßt sie an die Nase, aber viel Duft geben sie nicht her. Er zupft ein Nelkennägelchen aus der Silberkette, kaut am spitzen Ende, aber es schmeckt nicht sehr nach Nelken. Auf der Tischplatte versucht er, den Nelkennagel mit dem Daumen zu zerdrücken, das gelingt auch diesmal nicht.

Achmed zieht aus der Kette eine zweite getrocknete Nelkenblüte, beißt sie ebenfalls an, kann auch hier nicht viel Geschmack herausholen. Er steckt die Nelkennägel in die Nasenlöcher, saugt Luft ein. Nun erscheint der Duft etwas stärker. Aber noch immer sind Duft und Geschmack nicht stark genug.

Er läßt die Nelkennägel-

chen in die Handfläche fallen, schließt die Hand zur Faust, geht zum Eßraum.
An diesem Nachmittag ist niemand im Zimmer. In der Küche nebenan ist es still. Doch da ist ein kleines Geräusch! Er ruft Halid, den Sklaven. Kurz darauf erscheint er, verbeugt sich. Achmed zeigt ihm die beiden Nelkennägel. »Mach sie mir klein.«
Halid lächelt, huscht in die Küche, kommt gleich darauf mit einem Brettchen und dem Krummstiel-Hammer zurück, wirft das Hartholz auf den Tisch. Achmed legt den ersten Nelkennagel drauf, Halid läßt den Hammer niedersausen, zeigt strahlend den Fleck von violettem Pulver. Achmed hält die Nase dran, schnuppert, stippt den kleinen Finger hinein, riecht am Nelkenpulver, saugt Nelkenpulver ein, streckt den Finger aus, Halid schnuppert ebenfalls. Ja, der Duft der Gewürznelke ist schon sehr viel stärker! Achmed legt den zweiten Nelkennagel auf das Brettchen. »Hau den auch platt!«
Lächelnd geht Halid einige Schritte zurück, rennt dicht am Tisch vorbei, läßt den Hammer niederkrachen, dreht sich um: »Getroffen!«
Er erzählt, daß er in der Küche manchmal ein Haferkorn in die Luft wirft, früh am Morgen, und genau im Moment, in dem das Korn aufs Brett fällt, zermalmt es sein Hammer. Am liebsten würde er jedes Haferkorn einzeln hochwerfen und in der Luft zwischen zwei Hämmern plattschlagen. Aber so etwas würde der alte Diener nicht zulassen – er will keine Faxen, sagt der, auf arabisch.
Achmed ist verwundert, wie gut er den Sklaven ver-

steht. »Der Diener behauptet, du hörst dich an, als hättest du den Mund voller Schilfbrei.«
»Ach, junger Herr, sie denken alle, wer aus dem Hor kommt, hat nichts als Fischgräten und Schilfhalme im Kopf, deshalb habe ich als Sklave auch so wenig gekostet. Umso leichter kann ich mich später mal freikaufen. Ich lege schon jeden Dirham auf die Seite. Wenn das Geld ausreicht, bezahle ich mich beim Großwesir und kehre als freier Mann ins Schilfland zurück. Dort wird mich dann keiner mehr in den Nacken schlagen.«
Im Hor wird er als erstes ein Schilfhaus bauen, mit dicken Pfeilern aus gebündeltem Schilf, und besonders schönes Flechtwerk wird er einsetzen über dem Eingang. In diesem Haus wird er mit dem Hammer auf Mückenjagd gehen, weil er sich nicht dauernd jucken und kratzen will. »Das wird eine schöne Zeit.«
Und Halid macht einen Handstand. Nach dem Aufspringen ruft er. »Falls der junge Herr weitere Nelkennägel hat, die ich plattschlagen soll – nur her damit!«
Achmed aber will vorerst keine weiteren Nelkennägel zermalmen lassen, er muß sparsam sein mit ihnen.
»Aber wir haben noch Nelkennägel in der Küche, bei den anderen Gewürzen! Wenn der junge Herr das wünscht, werde ich ihm ein paar –«
»Was schwingst du hier für Reden?!« fragt der alte Diener, der nun ins Zimmer kommt. Und er wendet sich an Achmed: »Entschuldige, junger Herr, daß ich nicht längst gekommen bin. Zur Zeit aber ruht die Küchenar-

beit, ich weilte im kleinen Innenhof, so habe ich erst jetzt bemerkt, daß er dich mit seinem Schilfgequak belästigt.«

»Ich verstehe ihn aber gut! Außerdem hat er mir ein bißchen geholfen. Und er hat mir für später ein paar Nelkennägel versprochen.«

»Der hat überhaupt nichts zu versprechen! Er ist der unterste Sklave in der Küche. Er darf Dornenäste und Kameldung in den Ofen stecken, darf Töpfe saubermachen und Haferkörner platthauen und sonst nichts! Entschuldige dich sofort beim jungen Herrn. Er kann dich wegen deiner Großmäuligkeit bestrafen lassen, du Quakfrosch aus dem Schilf!«

Halid kniet hin, murmelt »Tschuldigung«, macht im Knien eine rasche Drehbewegung vorwärts, rollt über den Rücken ab, schnellt in die Höhe.

Der Diener schüttelt den Kopf: »Faxen, Faxen, nichts als Faxen! Lauf sofort in die Küche und hol ein Schälchen für das Nelkenpulver. Der junge Herr wird unterwegs nichts davon verlieren wollen.«

Halid läuft zur Tür, springt dabei kurz mal in die Luft und tut so, als würde er mit dem Hammer einer Mücke im Flug vor den Kopf hauen.

Der Diener räuspert sich. »Ich muß den jungen Herrn bitten, sich nur an mich zu wenden, wenn er einen Wunsch hat. Dieser Quakfrosch aus dem Sumpf darf sich nicht so vordrängeln und sein grünes Maul aufreißen. Er wird eine gerechte Strafe erleiden. Und dem jungen Herrn kann ich versprechen, daß ich ihm jederzeit Nelkennägel besorge. Wenn du es wünscht, werde ich zusätzlich meinen Freund, den Koch, bitten, für dich Rindfleisch mit Nelkennägeln zu spicken, eventuell auch die Zwiebeln.«

Ja, das wird er sich wünschen, sagt Achmed. Was er aber nicht wünscht, das ist eine Bestrafung Halids. Er ist mit ihm zufrieden, der Sklave hat keine Nackenschläge verdient.

Weil Achmed das ein wenig energischer sagt, verneigt sich der Diener. »Nur weil der junge Herr das wünscht...« Und er ruft: »Halid, das Schälchen her!«

Der Sklave, der auf diesen Ruf gewartet hat, eilt mit einem Schälchen herein. Kaum steht es auf dem Tisch, macht Halid wieder einen Handstand.

Der Diener schüttelt den Kopf, Achmed lacht. Und er streicht das Gewürzpulver vom Brett ins Schälchen, riecht nochmal. Halid lächelt ihm erwartungsvoll zu. Achmed versteht und nickt: »Halid, du bist stark wie ein Wasserbüffel, du kannst mir das Schälchen tragen.«

Da lacht der Sklave, macht einen Purzelbaum, übernimmt das Schälchen, geht hinter Achmed her. Der Diener wendet sich wütend ab. »Das werd ich dem Großwesir melden!« Das sagt er halblaut, doch es ist zu verstehen.

Als sie im Flur weit genug von der Küche entfernt sind, beginnt Halid zu schimpfen. »Er mag mich nicht, der alte Diener. Er hat was gegen mich. Nur weil ich aus dem großen Schilf komme. Ich brauch nur einen kleinen Scherz zu machen, gleich wird er böse. Gestern habe ich bei der Arbeit gesagt: ›Ich hör immer nur

Schildkröte, Schildkröte im Palast – sollen wir dem Sultan nicht mal ein Schildkrötensüppchen kochen?‹ Hoho, da hättest du aber was erleben können! Dem alten Diener stand fast der Schaum vor dem Maul! War der Witz denn so schlimm?«

»Nein, find ich nicht. Aber kümmer dich nicht drum, was der alte Knacker sagt. Ich paß schon auf, daß er dir nichts antut.«

Da macht Halid einen kleinen Luftsprung beim Gehen; das Schälchen mit dem Nelkenpulver aber bleibt genau waagrecht.

Achmed möchte wissen, was Halid früher gemacht hat, im Großen Schilf.

Halid läßt sich nicht zweimal bitten, fängt gleich an zu erzählen. Als er in Achmeds Alter war, ist er mit seinem Vater in einem Schilfboot oft dorthin gerudert, wo besonders langes Schilf wächst, und sie haben Halme geschnitten und im Boot mitgenommen und vom Boot aus die langen Bündel auf dem Kopf zum Schilfhaus getragen. Auf dem Platz davor mußten sie alle Blätter abschneiden. Danach haben seine Mutter und die beiden Schwestern und noch eine Tante das Schilf begossen und plattgestampft – zuletzt hat er dabei geholfen. Aus dem platten Schilf haben sie Matten geflochten, sein Vater und er. Und wenn er wieder im Schilf wohnt, als Mann, der sich freigekauft hat, so wird er auch wieder Matten flechten. Die müssen dann besonders dünn werden. Deshalb wird er die Halme vorher mit seinem Hammer so plattklopfen, wie das noch nie gelungen ist. Seine Schilfmatten müssen derart fein werden, daß man sie sogar in Fensteröffnungen befestigen kann. Und wenn der Mond scheint, müßte man ihn durch so eine Matte hindurch sehen können, nicht bloß als Lichtfleck, sondern als Scheibe oder Sichel. Vielleicht wird ihm mit Allahs Hilfe dieses Wunder einmal gelingen!

Inzwischen haben sie Achmeds Zimmer erreicht. Der Junge schüttet das Nelkenpulver in eine Ecke des schwarzen Kästchens. Und Halid geht, von hinten her, auf das Pferd zu, das auf dem Stroh in der Ecke steht. Plötzlich schlägt das Pferd aus, wiehert, reißt am Seil. Halid springt zurück: »Bei Allah – das hätte mich fast ans Kinn getreten!«

»Ich hätte dich warnen sollen – tut mir leid... Man darf sich nicht so von hinten heranschleichen, man muß erst seinen Namen nennen, muß es ansprechen. Und dann langsam von der Seite herangehen...«

»Wie heißt es denn?«

»*Morgenwind.*« Achmed schnuppert noch mal am Kästchen, schließt es. Das Pferd stampft noch immer auf dem Stroh, reißt am Seil. »Komm, komm, es ist doch nichts passiert... Also stell dich nicht so an, du Esel!« ruft Achmed.

Das Pferd hebt den Kopf noch höher, dreht ihn beiseite.

»Jetzt hab ich es beleidigt«, sagt der Junge und stellt das Kästchen ab.

»Wir Leute aus dem Schilf wissen zwar nicht viel von Pferden, eher von Wasserbüffeln, aber ich kann mir nicht denken, daß ein Pferd so ein Wort versteht. *Esel!* Das sagt ihm doch nichts.«

»Da hast du recht, aber es hört am Ton, ob man es lobt

oder beschimpft oder beleidigt. Ein Pferd hat ein sehr feines Gespür – wenn es nicht dickfellig ist. Das merkt auch zum Beispiel Stunden vorher, daß ein Erdbeben kommt. – So, jetzt beruhig dich mal so langsam ...«
Achmed schlägt mit flacher Hand sanft auf die Flanke des Halses, unterhalb der Mähne. »Und nun freunde dich auch mit Halid an. Ich hab ihn nicht rechtzeitig gewarnt, hab einen Moment nicht aufgepaßt – er hat es nicht bös gemeint. Komm näher, Halid, klopf ihm auf den Hals.«
Der Sklave geht von der Seite an das Pferd heran und sagt: »Also, ich komm jetzt immer näher, *Morgenwind*, du mußt dich diesmal nicht erschrecken.« Und er klopft ebenfalls mit flacher Hand auf den Hals. Das Pferd läßt das zu. Bald darauf streichelt Halid es zwischen den Augen und murmelt ihm etwas zu, das Achmed nicht versteht.
Bevor er danach fragen kann, erscheinen zwei Wächter in der Zimmertür, Krummschwerter in den Händen. »Wir sollen diesen Schilfhund zurückbringen. Er ist zu gefährlich, er darf nicht frei herumlaufen. Befehl vom Großwesir...«
Achmed hat kaum den Mund geöffnet, da haben sie Halid schon gepackt und hinausgeführt. Der Junge stampft auf den Boden und schreit, sie sollen ihn sofort zurückbringen. Aber die Männer tun so, als hätten sie Wachs in den Ohren.

Am Abend hat Achmed Kopfweh – das kam wie angeflogen. Die Kopfschmerzen werden so stark, daß er sich hinlegen muß. Als der Pferdeknecht Hafer bringt im Futtersack, sagt ihm Achmed, weshalb er sich ein bißchen ausgestreckt hat. Der Pferdeknecht berichtet das dem Stallmeister, der Stallmeister sagt es einem der Wesire, und der schickt einen Arzt.
Der weißbärtige Mann nennt langsam und beinah feierlich seinen Namen: Azhar Ibn Udaina al-Absi. Er schaut sich schnuppernd um, sagt aber nichts weiter, bittet den Jungen nur, sich auf den Rücken zu drehen, die Augen zu schließen. Nun wird ihm ein kühler Umschlag auf die Stirn gelegt, an die Schläfen gepreßt, mit sanftem Druck. Der Umschlag riecht gut. Er fragt den Arzt, ob unter den Gewürzen auch Nelke sei.
Nein, aber Harz vom Weihrauch- und vom Myrrhenbaum. Hart gewordenes Harz, das kleingestampft wurde.
»Von Halid, dem Sklaven in der Küche?« Nein, das macht der Arzt selber. In einem metallenen Mörser stampft er die Harzklumpen mit einem Stößel klein; das Pulver wird mit der Salbe vermischt. Und die wird ihm helfen, verspricht der Arzt. Er soll sich nur ruhig halten, soll auf dem Rücken liegenbleiben, soll an etwas Schönes denken.
Als der Arzt gegangen ist, macht der Junge die Augen zu. Er malt sich etwas Schönes aus, damit die Zeit vergeht: Wie sein Pferd ihn mit weichem Maul anstupst an der Schulter, und es sagt: »Komm, Achmed, wir gehn Murmeln spielen.«

Natürlich, das weiß Achmed, würde das nicht genauso klingen wie bei einem Menschen. Ein Pferd hat viel zu schlabbrige Lippen, das schafft keine Lippenlaute, kein hartes »p«, auch kein weiches »b«. Selbst beim »m« dürfte es Schwierigkeiten haben, weil dabei die Lippen sanft geschlossen sein müßten. Und das »w« würde sicher auch nicht ganz echt klingen, weil ein Pferd die Lippen nicht genug spitzen kann.
Mit Pferdezunge, Pferdezähnen und Pferdelippen ausgesprochen, würde die freundliche Aufforderung nur ungefähr so klingen: »K – –, Ach – – ed, – ir gehn – ur – eln – ielen.« Falls solch ein Satz für ein Pferd schon zu lang und zu mühsam wäre, so würde es immer noch reichen, wenn es sagt: »ureln ielen.« Sofort würde der Prinz dann sein Ledersäckchen mit Murmeln holen. Das Murmelspielen selbst dürfte für ein Pferd kein Problem sein: es könnte sie vorsichtig mit dem Huf kicken...
Und Achmed schläft ein mit dem Umschlag auf der Stirn. Er träumt, daß *Morgenwind* fließend mit ihm redet: über Wildschweine, die Keiler heißen, und einen im Schilfwald annehmen... über Piraten, die jedem Schiff nach Indien auflauern... über Räuber auf dem Landweg...
Nach dem Aufwachen stellt Achmed erst einmal fest, daß die Kopfschmerzen weg sind. Und das Pferd steht völlig stumm auf der Strohschütte in der Ecke. Es spitzt aber die Ohren, dreht sie ein wenig, als Achmed ihm den Morgengruß zuruft.
Der Junge legt den Umschlag beiseite, steht auf, bindet

das Pferd los, setzt sich auf den Bettrand. Das Pferd kommt langsam heran, mit nickendem, etwas gesenktem Kopf, mit pendelndem Schweif.
Und der Junge versucht, seinem Leibpferd das Sprechen beizubringen. Er fängt an mit dem Wort »Dattelpalme«. Erstens hat jedes morgenländische Pferd Dattelpalmen schon reihenweise gesehen. Zweitens hat sein Leibpferd auch schon Datteln probiert: Achmed hat die langen

Kerne herausgepult, mit klebrigen Fingern, hat die pferdesüße Frucht vor das feuchte Maul gehalten.
Und so soll es nun auch »Dattelpalme« sagen! Aber bei den ersten Versuchen kommt überhaupt nichts aus dem Pferdemaul heraus. Das hat Achmed kaum anders erwartet, er spricht geduldig weiter. »Nun sag doch mal: Dattelpalme. Einfach bloß: Dattelpalme. Mit irgendeinem Wort müssen wir anfangen. Also bitte schön: Dattelpalme. Dattelpalme, Dattelpalme. Dattelpalmen wachsen bestimmt auch in Indien! Also mußt du das Wort rechtzeitig lernen! Nun mach schon!« Aber so oft er auch das Wort in das Pferd hineinruft, es schallt nicht wieder heraus. Schließlich bietet Achmed dem Pferd an, das Wort zu halbieren. Vielleicht geht es dann eher in seinen Kopf hinein!
Dutzendfach ruft er seinem Pferd erst das Wort »Dattel« zu, dann das Wort »Palme«. Doch plötzlich fällt ihm ein, daß ein Pferd das Wort »Palme« gar nicht aussprechen kann, wegen dem »p« und dem »m«. Er entschuldigt sich bei *Morgenwind.* Nun bleibt von der »Dattelpalme« nur die »Dattel« übrig.
»Aber das muß jetzt endlich klappen!« sagt Achmed aufmunternd. Und er wiederholt mehrfach das Wort »Dattel«.
Auch jetzt bleibt das Pferd stumm, sabbert nur ein bißchen.
Doch Achmed will noch nicht aufgeben. Er zeigt durch das Fenster hinaus zu einer Dattelpalme, ruft »Dattel«, wiederholt »Dattel«. Weil noch immer nichts aus dem Pferd herauskommt, nicht das kleinste »a«, hält Ach-

med beide Hände trichterförmig vor den Mund und ruft: »Dattel, Dattel.« Dann hält er beide Hände vor den Mund und sagt dumpf: »Dottel, Dottel.« Wieder nimmt er die Hände vom Mund und ruft so laut und rasch er kann: »Datteldattel! Datteldatteldattel! Datteldatteldatteldattel!«

Aber das Pferd bleibt stumm, glotzt vor sich hin. Eine kurze Zeit ist Achmed ebenfalls stumm, auch er glotzt vor sich hin. Danach versucht er es anders: »Hör mal, ein so großes Tier wie du, das wird doch wohl ein so kleines Wort schaffen! Wozu hast du sonst so große Zähne, eine so lange Zunge, ein so weites Maul und eine Lunge so groß wie ein Faß? Da muß doch Entsprechendes herauskommen! Also mach schon: Dattel! Bloß: Dattel! – Immer noch nichts? Datteldattel! Heraus mit der Sprache!«

Aber das Pferd läßt sich nicht zum Sprechen bringen.

Während Achmed mit seinem Pferd frühstückt, eilt ein Diener in den Raum: »Der Sultan wünscht, daß du einen Besuch machst.« Sofort reitet Achmed mit *Morgenwind* durch die Flure des Palastes.

Sein Vater sitzt mit gekreuzten Beinen auf einem kleinen Teppich am Fenster, liest. Er dreht sich um, winkt seinem Sohn einen Gruß zu, liest weiter in der ausgebreiteten Schriftrolle am Boden. Achmed läßt sich aus dem Sattel gleiten, führt das Pferd hinaus in den Flur, bindet es fest, tritt näher an den Sultan heran, der mit

dem Rücken zu ihm sitzt. Er saugt beim Lesen heftig an der Wasserpfeife.
Der Sultan legt das Mundstück auf den Tisch, wendet sich Achmed zu, der sich gleichfalls auf den Boden gesetzt hat, mit gekreuzten Beinen. »Der Nelkenhändler war gestern bei mir, soeben von einer Handelsreise zurückgekehrt. Was er mir berichtet hat über Vorgänge im Reich meines Freundes Sajadschi, das bedrückt mich sehr.« Er rollt das breite Papyrosband zusammen, wendet sich erneut dem Jungen zu.
»Um es kurz zu machen: als mein Freund, der Maharadscha vom Besuch hier zurückkehrte in sein Land, hatte mittlerweile dessen Halbbruder die Macht an sich gerissen. Und der neue Maharadscha ließ meinen

Freund im tiefsten Keller einer Grenzfestung einsperren. Das ist doch unglaublich, oder?!«
Weil der Sultan seinen Sohn bei dieser Frage nicht anschaut, bleibt Achmed stumm. Mit keinem Wort deutet er an, daß er schon seit einigen Tagen weiß, was im fernen Fürstentum geschehen ist – er will ja nicht den Mann verraten, der das Wasser salzt.
Sein Vater schüttelt den Kopf, kurz und heftig. Und spricht wieder. »Jetzt weiß ich wenigstens, *welchem* Herrscher die Gefahr drohte, von der in den Sternen geschrieben stand, damals. Weil meinen Freund, den Maharadscha das große Unglück getroffen hat, werde ich von einem großen Unglück verschont bleiben. Das erleichtert mich, aber nur ein bißchen. Immerhin ist es mein bester, mein einziger Freund, den das Unglück getroffen hat, schwer getroffen hat, vielleicht sogar tödlich... Der Gewürzhändler hat von Gerüchten gesprochen, nach denen man Sajadschi im Kerker verdur–, ja verdursten ließ. Klingt sehr nach Gerücht! Aber vielleicht stimmt es doch. Wenn ich bloß sicher wäre, daß mein Freund noch am Leben ist!«
Achmed beugt sich ein wenig vor. »Und wenn ich nach Indien reite, und ich höre und sehe mich um in der Hauptstadt des Fürstentums? Ich finde dort bestimmt heraus, ob dein Freund noch lebt.«
Der Sultan schaut ihn an, so erstaunt, als würde er aus einem Traum gerissen. »Nach Indien reiten? Du?!«
»Der Weg wäre mir nicht zu weit. Ich bin ein guter Reiter.«
Heftig schüttelt der Sultan den Kopf. »Erstens kann

kein Kind, auch nicht ein Junge namens Achmed, tagelang, wochenlang reiten. Zweitens führt der Weg über Gebirge hinweg, in deren Tälern man sich verirren kann. Drittens geht der Weg durch Wüsten, in denen man ver–, ich kann dieses Wort nicht mehr richtig aussprechen, seit ich dieses Gerücht hörte.«

»Du meinst Wüsten, in denen man verdursten kann?«

»Ja, ja, ja, verdursten kann! Und selbst, wenn du diesen weiten Weg schaffst – am Hof des neuen Maharadschas wärst du nicht unbedingt sicher. Könnte sein, daß dieser Bursche auch den Sohn des Freundes seines Feindes wie einen Feind behandelt.«

Achmed wartet noch ein wenig, aber sein Vater starrt vor sich hin auf dem Boden. So steht der Junge auf und geht hinaus.

Im Flur schwingt er sich aufs Pferd, reitet los. Dabei rempelt er eine Bodenvase, ein kostbares Stück aus China, und sie zerklirrt. Doch Achmed dreht sich nicht mal um.

Weil sein Pferd noch immer nicht das Zähneputzen und Gurgeln lernen will, gibt auch Achmed das Zähneputzen und Gurgeln auf. Seine Zähne werden ziemlich gelb, aber darauf ist er stolz: es werden beinah pferdegelbe Zähne! Nur bleiben sie kleiner, viel kleiner als beim Pferd.

Waschen tut sich der Prinz nach Möglichkeit auch nicht mehr, denn er will den Pferdegeruch nicht verlieren.

Und seine Kleidungsstücke gibt er nicht zum Waschen her: manchmal schnuppert er an einem Ärmel, an einem Pumphosenknie, schnuppert zum Vergleich am Pferd – immer weniger Unterschied...

Was Achmed ärgert, ist, daß er noch nicht wie ein Pferd im Stehen schlafen kann. Er probiert das mehrfach aus, kippt beim Einschlafen aber jedesmal um. Er muß also nach wie vor liegen, um zu schlafen. Aber dann will er wenigstens Pferdestroh unter sich haben! So nimmt er einen Teil vom frischen Stroh in der Ecke des Zimmers und breitet es auf dem Bett aus. Das Stroh raschelt ganz echt unter ihm.

Zu seinem großen Bedauern kann der Prinz keine Pferdeäpfel machen. Traurig beschaut er sich, was morgens aus seinem Körper kommt: es werden und werden keine Pferdeäpfel!

Der neue Prinzenerzieher ist eingetroffen, der Unterricht wird fortgesetzt. Auch dieser Lehrer steht in der Mitte der Reitbahn, dreht sich langsam um die Achse, wenn sein Schüler im Schritt reitet, dreht sich rascher

um die Achse, wenn Achmed ihn im Trab umkreist, dreht sich schnell um die Achse, wenn der Prinz einen Galopp einlegt.
Auch dieser Erzieher muß lernen, daß Prinz Achmed nur ganz bestimmte Rechenaufgaben löst. Zu Anfang seiner neuen Tätigkeit macht er noch den Fehler und stellt eine Aufgabe dieser Art: »Die Stadt A und das Dorf B liegen zwanzig Meilen voneinander entfernt. Wenn ein Wanderer um sechs Uhr morgens in der Stadt aufbricht und im Durchschnitt –«
Hier unterbricht ihn Achmed: »Diese Aufgabe können Sie sich sparen. Mit Meilen kann ich nicht rechnen. Sie dürfen bloß sagen, daß A und B soundsoviele Reitstunden voneinander entfernt liegen.«
Der Erzieher ist verwirrt: »Woher soll ich wissen, wieviele Reitstunden die voneinander entfernt sind? Außerdem geht es bei dieser Aufgabe um einen Fußreisenden!«
»Mit Fußreisenden kann ich überhaupt nicht rechnen!« ruft Achmed.
Darauf der Lehrer: »Und ich kann nicht mit Reitstunden rechnen, tut mir leid!«
»Aber es ist doch ganz einfach«, beruhigt ihn Achmed. »Man trabt ungefähr fünf Meilen in der Stunde. Also: wenn die Stadt Jodhpur und die Stadt Jaipur fünfzig Meilen voneinander entfernt liegen, wie groß ist dann die Zahl der Reitstunden zwischen ihnen?«
Der Lehrer teilt nun fünfzig durch fünf und nennt das Ergebnis: »Zehn Reitstunden.«
»Na also«, ruft Achmed, »Sie können es doch!«

Jetzt wird der Lehrer ein bißchen unwirsch: »Darf ich fragen, seit wann ein Schüler seinem Erzieher Aufgaben stellt?«

»Aber Sie müssen das doch lernen und üben mit den Reitstunden! Zum Beispiel, wenn der Fluß Ganges 1200 Meilen lang ist – wieviele Reitstunden ist er in Wirklichkeit lang?«

Auf solche Weise bringt Achmed auch diesem Lehrer bei, daß er nur noch Rechenaufgaben stellt, die etwas mit Pferden und mit dem Reiten zu tun haben.

Wenn Achmed nach dem Rechnen Übungssätze schreiben soll, sehen die so aus: »Ich reite zum Fluß Euphrat. Ich reite am Euphrat entlang. Ich tränke mein Pferd am Euphrat. Ich galoppiere durch eine Furt im Euphrat.«

Manchmal kann ihn sowas derart begeistern, daß er sein Pferd anspornt, sich auf dem galoppierenden Pferd aufrichtet und aus Leibeskräften ruft: »Mein Pferd und ich, wir schwimmen im Euphrat. Mein Pferd und ich, wir ruhen uns am Euphrat aus! Durch unsere Pferdeohren hören wir den Euphrat rauschen. Wir schlafen am Euphrat ein und wachen am Euphrat wieder auf! Ich reite vom Euphrat weg. Ich reite weit weg vom Euphrat und noch weiter und immer weiter!«

Noch einmal reitet Achmed in den Säulensaal: Für welches Meerestier ist das Wasser im Becken gesalzen worden?

Kaum ist er über die Schwelle geritten, wird sein Pferd bockig: es schnaubt und stampft, macht den Hals steif, weicht zurück zur Wand. Achmed sitzt ab, führt es in den Flur, bindet es fest, kehrt zurück, tritt an den Beckenrand. Und er sieht, wie etwas durchs Wasser gleitet, dicht über dem Grund. Ein Wassertier – ungefähr so lang wie ein Pony; langsam bewegt es flügelähnliche Brustflossen; diese dreieckigen Flossenflügel sind blaugefleckt; die Flecken leuchten wie Lapislazuli-Steine, sind aber fast so groß wie Achmeds Handflächen; hinter den Flügelflossen ein langer Schwanzstiel, etwa in der halben Länge dieses Lebewesens, das im Wasser zu fliegen scheint, wenn auch langsam.
Achmed ist so von diesem Riesenfisch gebannt, daß er die Schritte in seinem Rücken erst hört, als der Sultan dicht hinter ihm ist. Achmed zuckt zusammen. »Allah sei mit dir«, sagt sein Vater, und Achmed wiederholt den Gruß. Gemeinsam schauen sie ins Becken.
»Es ist ein Rochen«, hört nun Achmed. »Er stammt aus dem Roten Meer. In meinem Auftrag wurde er in eine Kastenfalle gelockt und hergeschafft. Du siehst, er bewegt sich mit Brustflossen, die Flügeln gleichen. Sein Maul kannst du nicht sehen, das befindet sich an der Unterseite. Dafür siehst du den langen, starken Schweif. Du siehst aber noch nicht den Stachel an seinem Ende. Wen der Rochen mit diesem Stachel trifft, im Peitschenschlag, der kann das nicht überleben. Nicht mal ein Pferd hält das aus. Jetzt ahnst du wohl schon, weshalb ich diesen Stechrochen oder Stachelrochen herschaffen ließ: damit du nicht noch einmal mit dem

Pferd in das Becken springst, dich damit lächerlich machst, und deinen Vater ebenfalls!«

Der Junge spürt, wie sein Herz im Hals schlägt; seine Stirn wird heiß und kühl zugleich. Noch immer gleitet mit den langsamen Bewegungen seiner Flossenflügel der blaugefleckte Rochen im Wasser umher, dicht über dem Boden hinweg – doch nun, als würde er einem unhörbaren Befehl des Sultans gehorchen, schwebt er höher, durchbricht mit eleganter Gleitbewegung den Wasserspiegel. Die blauen Flecken leuchten auf im Licht der Sonne, die durch die runde Dachöffnung aufs Becken scheint. Und schon gleitet der Rochen wieder hinunter. Achmeds Herz schlägt rasend schnell: zuletzt hat er den fingerlangen Stachel erspäht.

»Du hast den Giftstachel gesehen? Er ist dir eine Warnung?!«

Der Junge nickt. Sein Mund ist so trocken, als hätte er an einer der Salzplatten des alten Mannes geleckt. »Du glaubst mir jetzt?« fragt der Sultan, und Achmed nickt wieder.

Da lacht der Sultan, und es ist ein heftiges Lachen. »Ha, er glaubt es mir tatsächlich! Mein Sohn, bevor du Sultan wirst, mußt du erst einmal lernen, allem zu mißtrauen, was dir zu Ohren kommt! Selbstverständlich habe ich den Stachelrochen nicht für *dich* fangen und herschaffen lassen, Dummkopf, ich weiß schließlich, daß du dich an mein Verbot halten wirst. Ich will dir jetzt den wahren Grund verraten.«

Und der Sultan steht noch dichter neben dem Jungen,

der den blaugefleckten Stachelrochen nicht aus den Augen läßt.
»Ich habe«, schreit plötzlich der Sultan, und dies so laut, daß man ihn im Flur hören muß, »ich habe den Rochen herschaffen lassen als schwimmende Warnung an meine Feinde, die Verschwörer ›Im Zeichen der Schildkröte‹. Daß Abu Dulaf im Kerker sitzt, war denen noch nicht Warnung genug! Sie haben es gewagt –«
Und er bricht ab, beugt sich zum Jungen herab, spricht wieder leise: »Sie haben einen der goldenen Kobraköpfe der Schildkröte in mein Zimmer gelegt! Das ist ein klares Zeichen! Ich verstehe das als Androhung, daß sie etwas gegen mich vorhaben! So, dann sollen die aber auch wissen, ganz klar, was ich vorhabe! Ich werde den Anführer der Verschwörung ›Im Zeichen der Schildkröte‹ aufspüren und verhaften lassen, und er wird die große Ehre und das große Vergnügen haben, mit dem Rochen dieses Wasserbecken zu teilen. Was mit ihm dabei geschieht, das überlasse ich dem Rochen!«

Der Sultan lacht wieder, überlaut. »Und dann, ja dann werde ich den Rochen töten lassen, und meine Köche verarbeiten ihn zu Rochensalat, und der wird allen Wesiren und Großwesiren meines Hofes vorgesetzt! Und dem Herrn Astrologen! Der muß die größte Portion essen! Dieser Dummbeutel hat mich nur durcheinander gebracht! ›Gefahr für einen Herrscher‹ – und ich erfahre, der Maharadscha war gemeint, und ich fühle

mich beinah sicher, und ein paar Tage später dieses Zeichen in meinem Zimmer, dieser Kobrakopf! Und alles ist wieder unsicher! Sollten die Sterne vielleicht den Maharadscha und *mich*, Suleman Ibn Suleman, gemeint haben? Uns beide? Das wäre ja Verschwendung! Aber ich werde mich zu wehren wissen! Es genügt, wenn der Maharadscha zum Opfer wurde. Mich setzt man nicht so einfach ab! Ha, die sollen mich kennenlernen! Ich lasse nicht mit mir spaßen! Ich nicht! Ich nicht!« Und der Sultan geht hinaus mit einem Wutschrei, der im Säulensaal ein starkes Echo findet.

Achmed wünscht sich, alles, was er sieht, wäre überzogen mit Pferdefellen. Die Säulen rund um das Becken: von unten bis oben in Pferdefelle gehüllt. Und die Wände mit Pferdefell bespannt, der Boden ausgelegt mit Pferdefellen. Und Stimmen hallen nicht mehr in diesem Raum, sondern klingen gedämpft.
In Pferdefelle eingenäht auch alle Hocker und Sitzkissen im Palast. Von Pferdefellen umhüllt der Thron des Sultans. Und statt der Pfauenfedern über ihm: Fächer von Haaren aus Pferdemähnen, Pferdeschweifen. Und Pferdefelle um Vasen und Figuren. Alle Schriftrollen in Futteralen aus Pferdefell. Die silbernen Kannen in Hüllen aus Pferdefell. Der Schallkörper der neuen Laute, auf der Laila spielt: eingehüllt in Pferdefell.
Und in den Zimmern, in denen er sich aufhält, dürfte er nur Pferdefelle sehen: auf dem Boden, an den Wän-

den, an der Decke. Und der Tisch, an dem er das Frühstück einnimmt: von Pferdefell bedeckt, die Tischbeine von Pferdefell umschlossen. Auch sein Bettgestell mit Pferdefell umhüllt, auf dem Boden von Pferdefell ein Bettvorleger aus Pferdefell.

Und in Pferdefell gekleidet alle Bewohner des Palastes: Dischdaschs aus Pferdefell, Schnabelschuhe aus Pferdefell, Pluderhosen aus Pferdefell, Westen aus Pferdefell, Turbane aus Pferdefell. Auch die Kleider, die Blusen, die Röcke der Frauen aus Pferdefell. Und der Schleier vor dem Gesicht der Musiksklavin des Sultans: aus Pferdefell.

Aber woher, so fragt sich Achmed, woher sollten all die Pferdefelle kommen, für die kein Pferd geopfert werden dürfte? Ach, ganz einfach: die Pferdefelle, Pferdefelle müßten allesamt heranschweben von irgendwoher, zum Beispiel aus Indien, wie Fliegende Teppiche, ja, und diese fliegenden Pferdefelle, Pferdefelle müßten sich an den Wänden und auf den Böden ausbreiten und um die Säulen legen, und wie von selbst werden sie zu Hüllen und Röhren...

Dann könnte er Pferdefelle, Pferdefelle auch sehen, wenn er den Palast verläßt, in den Garten geht! Die Enten auf dem Teich: eingehüllt in Pferdefell. Die Flamingobeine, die nicht blau bleiben wollten, in dünnen Röhren aus Pferdefell. Und Pferdefell um alle Baumstämme und dickeren Äste. Auch größere Blätter und Blüten bedeckt von Pferdefell, Pferdefell. Wo man auch hinschaut, hintritt, hinfühlt: Pferdefell, Pferdefell, Pferdefell...

Aber kein Pferdefell, kein einziges Pferdefell schwebt heran. Vielleicht, so denkt Achmed, vielleicht bräuchte man einen Pferdefell-Beschwörer, der wie ein Schlangenbeschwörer dasitzt, den Oberkörper wiegt und auf einer Flöte spielt. Und sobald er die richtigen Töne findet, schweben die ersten Pferdefelle heran, und weitere Pferdefelle wollen unbedingt mit dabei sein, und all diese Pferdefelle, Pferdefelle verteilen sich im Palast und im Garten. Aber den richtigen Zauberton, das rechte Zauberwort zu diesem Flug der Pferdefelle kennt der Junge nicht.

Wenn der Palast des Sultans nicht zum Palast der Pferdefelle werden kann, will Prinz Achmed wenigstens erreichen, daß innerhalb der Gartenmauern und Palastmauern möglichst viele Namen und Bezeichnungen aus seiner Pferdesprache verteilt werden.

Ein Anfang soll im Palastgarten gemacht werden. Auf diese Idee bringt ihn sein Vater, ungewollt. Der hat nämlich seit kurzem zahlreiche Schildchen mit Blumennamen in die Beete stecken lassen, damit er seiner Freundin Laila nicht immer wieder sagen muß, wie die Blumen heißen, vor allem die aus der Ferne, aus dem Abendland.

Der Junge bastelt ähnliche Schildchen und malt Namen drauf. Statt gebräuchlicher Pflanzennamen wie: Knabenkraut und Frauenschuh, Feuerlilie und Lämmerschwanz, Froschlöffel und Pantoffelblume sind es erfundene Namen wie Pferdekraut und Pferdeschuh, Pferdehalm, Pferdefarn und Pferdeglocke, Pferdelilie, Pferdewurz.

Der Obergärtner, ein älterer Mann, ist Frühaufsteher, und so sieht er, kurz nach der Morgendämmerung, Prinz Achmed durch den Garten huschen und Schilder austauschen. Weil der Obergärtner nicht gern größere Strecken rennt, wartet er ab, bis Achmed an ein Blumenbeet in seiner Nähe kommt, und läuft auf ihn zu.

»Wenn du nicht der Sohn des Sultans wärst«, keucht er wütend, »dann gäb es jetzt ein paar hinter die Löffel! Aber leider muß ich höflich bleiben, obwohl es mir in den Fingern juckt. Ich fordere dich sozusagen höflich auf, deine Schildchen wieder rauszuziehen.«

Achmed meint, diese Schildchen könnten ruhig erst mal steckenbleiben. Der Obergärtner aber will sie keinen Tag, keine Stunde, keine Minute länger im Palastgarten sehen.

»Das da zum Beispiel ist *Knabenkraut*, und kein Pferdewurz! Das kannst du nicht einfach umbenennen. Knabenkraut bleibt Knabenkraut! Eine Pflanze namens *Pferdewurz* gibt es nicht! Weder hier im Land der beiden großen Flüsse noch sonstwo auf der Welt! Also muß das Schild weg!«

Der Junge fragt ihn: »Warum kann diese Blume nicht genausogut Pferdewurz heißen? Man sieht es einer Pflanze doch nicht an, ob sie Knabenkraut oder Pferdewurz heißt. Außerdem finde ich diesen Namen blöd: *Knabenkraut*...«

Die Nasenspitze des Obergärtners wird weiß vor Zorn. »Was heißt hier ›blöd‹? Es ist jedenfalls der *richtige* Name! Und solang ich Obergärtner bin, gibt es hier nur Schildchen mit den richtigen Namen!«
Der Prinz meint, man würde sich an die neuen Namen bestimmt so gewöhnen wie an die alten Namen. In ein paar Jahren würde kein Mensch mehr Frauenhaar und Froschlöffel sagen, Feuerlilie und Mehlwurzel, Stinkfarn und Pantoffelblume, da würde man nur noch von Roßhaar oder von Pferdelilien oder von Rappenfarn reden. »Eigentlich klingen diese Namen auch viel schöner, oder?«
Wie die Namen klingen, das ist dem Obergärtner völlig egal! Ihm ist das Wichtigste, daß die alten, gewohnten Namen erhalten bleiben. »Sonst könnte ja jeder kommen und will alles nach seinem Lieblingstier umbenennen. Und kaum hat man sich an die Pferdenamen gewöhnt, schon kommt irgendein Löwenliebhaber, und der gibt sich nicht zufrieden mit dem Löwenzahn, der will auch seinen Löwenhalm und seinen Löwenschuh und seinen Löwenwurz und sein Löwenkraut und seinen Löwenfuß und seinen Löwenfarn und seine Löwenblume und seine Löwenlilie. Und ein dahergelaufener Hasenfreund will dann auch wieder alles umbenannt haben, der will nur noch sein Hasenkraut, seinen Hasenzahn, seinen Hasenfuß, seinen Hasenwurz, Hasenfarn, seine Hasenlilie. Damit sowas gar nicht erst einreißt, müssen deine Schildchen weg!«
Um nicht länger diskutieren zu müssen, wendet sich der Obergärtner ab, geht zum Gärtnerhaus am Rande des

Palastparks. Der Prinz bleibt vor seinem Schildchen stehen, liest halblaut ab: »Pferdewurz«. Ihm gefällt dieser Name. Und so läßt er das Schildchen stehen, geht in den Palast, will frühstücken.
Kaum ist er verschwunden, huschen sämtliche Gärtner und Gärtnergehilfen aus dem Gärtnerhaus, allen voran der Obergärtner. Nach seiner Anweisung schwärmen sie im Garten aus, ziehen die Schildchen mit Pferdenamen aus dem Boden, heben ein Loch aus, werfen die Schildchen hinein, schaufeln das Loch halb zu, pflanzen zur Tarnung eine Zwergpalme ein, stecken vor ihr ein Schildchen in den Boden mit der Aufschrift: *Zwergpalme.*

Nachdem Achmed mal wieder eine Pferdegeschichte gelesen hat, legt er sich auf die Pferdedecke seines »Pferdebetts«, auf das Raschelstroh, schließt die Augen und malt sich aus, daß er als Junge einschläft und als Pferd aufwacht. Und er sieht das Palastzimmer, die Palast-

flure, den Palastgarten, die Stadt, das Land mit großen, fast schwarzen Pferdeaugen: Ist dann alles ein bißchen undeutlicher oder dunkler oder bunter?
Und wenn er die morgenländische Welt mit Pferdenüstern riecht: Wird Duft zum Geruch und Geruch zum Gestank?
Und das Hören mit den hochgestellten, spitzen Pferdeohren: Kann er beispielsweise das Gras wachsen hören im Palastgarten, vor allem, wenn er als Pferd hungrig ist?
Und wie fühlt es sich an, wenn im Galopp die Mähnenhaare wehen? Wenn Regentropfen auf das Fell klatschen? Wenn das Fell gestriegelt wird? Ist es kitzlig, wenn Fliegen an den Augen herumkrabbeln? Spürt man es sehr, wenn ein Reiter auf dem Rücken sitzt? Wie kommt man als Pferd mit Trense und Zügel zurecht? Wie fühlt man sich als Pferd, wenn man trockenen Lehmboden unter den Hufen dröhnen läßt? Wenn man wiehert, mit dem Schweif peitscht, Pferdeäpfel macht? Schmeckt man als Pferd den Unterschied zwischen Wasser aus einer Pfütze und Wasser aus einem Fluß, beispielsweise aus dem Euphrat? Außerdem: kann es ein Pferd am Hinterkopf jucken? Und: kann ein Pferd träumen? Wenn ja, wovon?
Achmed steht wieder auf, geht zum Pferd in der Zimmerecke, lehnt die Stirn an den Pferdenacken, drückt die Stirn ans Pferdefell, preßt sie fest dagegen und immer fester, doch er kommt in sein Pferd nicht hinein.
Morgenwind versteht diesen Versuch ganz anders, das Pferd wittert ein neues Spiel. So drückt es die Nüstern

an seinen Hals, stupst den Jungen mit dem Maul, beginnt vorsichtig an ihm zu knabbern, rupft ein bißchen an den Haaren.
»He, was machst du denn – auf meinem Kopf wächst doch kein Gras!«
Er zieht aber den Kopf nicht weg, das Pferd rupft weiter. Dann stupst es Achmed wieder an den Hals, und der wird immer nasser. Der Junge streichelt das Pferd zwischen den Augen, hält wieder den Kopf vor die Nüstern. »Kannst ruhig weiterzupfen... Aber friß mir den Kopf nicht kahl.«

Achmed fällt beim Frühstück auf, daß die Haferkörner im Brei nicht so flach und so dünn sind wie gewohnt – mehrere sehen nur aus wie angequetscht. Er muß energisch kauen. Bevor er fragen kann, was los ist, eilt ein Diener in den Raum und ruft den Jungen zum Sultan: »Aber diesmal ohne Pferd – es handelt sich um eine wichtige Angelegenheit!«
Stumm geht der Diener mit großen Schritten vor Achmed her durch die Flure, zeigt zur Tür des Schlafzimmers, als wüßte der Sohn nicht, in welchem Raum des Palastes sein Vater schläft.
Ans Bett herantretend sieht Achmed zwei Köpfe. Der Sultan starrt wieder einmal zur Decke hinauf. Und Laila hat die Nase ins Kissen gesteckt – so sind fast nur ihre dunklen Haare zu sehen. Ohne Gruß sagt der Sultan

mit heiserer Stimme: »Mein Feind, mein Todfeind, hat mir gestern abend wieder ein Zeichen gegeben. Es steckte in der Schriftrolle. Nun liegt es auf dem Tischchen.«

Auch jetzt blickt der Sultan zur Zimmerdecke. Und Laila drückt das Gesicht noch tiefer ins Kissen.

Das Herz pocht dem Jungen auch im Hals, während er zum kleinen Rosenholztisch hinübergeht, auf dem die Wasserpfeife steht. Er sieht es golden schimmern auf der Tischfläche. Rasch erkennt er einen der sieben Kobraköpfe der indischen Meeresschildkröte. Achmed bleibt zwei Schritte vor dem Tisch stehen. Er wagt es nicht, den goldenen Kobrakopf mit dem Diamanten-Krönchen anzufassen.

»Dies ist nun schon der zweite Kobrakopf, der mir ins Zimmer gelegt wurde«, sagt der Sultan, während er aufsteht und einen blauen Dischdasch überstreift, dann in Sandalen schlüpft.

»Jetzt ist völlig klar: das ist kein Scherz, kein dummer und böser Scherz, das ist eine Drohung. Und es gibt keinen Zweifel mehr, wie das weitergehen soll: die vier nächsten Kobraköpfe werden mir ins Zimmer oder in den Weg gelegt und zuletzt der Kobrakopf mit der schwarzen Perle. Das letzte und schlimmste Zeichen: der Kopf der gefährlichsten Giftschlange, wenn auch in Gold, und obendrauf die schwarze Perle! Schwarz wie der Tod.«

Den knöchellangen Dischdasch zurechtzupfend, kommt der Sultan zum Rosenholztisch. Achmed hat einen trocknen Mund, als er sagt: »Vielleicht will der

Schildkrötenmörder dir nur das Gold zurückgeben, heimlich...«

»Und warum sägt er dafür den siebenfachen Kobrakopf auseinander? Warum hat er mir nicht den gesamten Goldschmuck der Schildkröte auf den Tisch gelegt? Das wäre viel einfacher gewesen. Und nicht so gefährlich für ihn. Schließlich könnte er dabei mal ertappt werden, nicht wahr?«

Der Sultan geht um den Tisch herum, schaut auf den kleinen Kobrakopf, bleibt vor Achmed stehen.

»Siehst du, dir fällt dazu nichts ein. Aber mir ist etwas eingefallen, gleich gestern abend, als ich nochmal in die Schriftrolle reinschauen wollte und diesen Schlangenkopf in ihr fand – was übrigens beweist, daß die Verschwörer ›Im Zeichen der Schildkröte‹ meine Gewohnheiten kennen. Auch das ist ein weiterer Beweis dafür, daß sie mit mir und mit dir und mit ihr in diesem Palast leben!«

Weil nun ein Schluchzen zu hören ist, durch das Kissen hindurch, dreht sich der Sultan kurz um. »Laila, hör auf! Heulen ist unmusikalisch!«

Nun zuckt es noch stärker unter der Seidendecke. Und mit ihrer kleinen Faust haut Laila neben dem Kissen gleichmäßig aufs Bett. Der Sultan schüttelt kurz und heftig den Kopf, wendet sich wieder Achmed zu.

»So, und du sollst wissen, daß ich auch dieses zweite Zeichen der Verschwörer mit einem Gegenzeichen beantwortet habe. Und das werde ich Zeichen um Zeichen so fortsetzen, gnadenlos.« Dieses Wort schreit er nun in Richtung Flur: »Gna-den-los!« Und er setzt den heiseren

Bericht fort: »Also, ich habe gestern abend sofort gehandelt und einen Mann, einen höchst gefährlichen Mann hier aus dem Palast verhaften und einsperren lassen.«
Der Junge atmet auf. Der Sultan bemerkt das und zeigt den Ansatz eines Lächelns. »Ja, ich war selbst erleichtert, als der Verdächtige aufgespürt und festgesetzt wurde. Wahrscheinlich war er dazu ausersehen, die Tat auszuführen. Aber er hat sich zu sicher gefühlt, hat sich deshalb verraten – und das ausgerechnet in der Küche meines Palastes! Weißt du, was der gesagt hat? Man sollte mir mal ein Schildkröten-Süppchen kochen... Ein Schildkröten-Süppchen! Es ist nicht nur geschmacklos, sowas zu sagen, wo ich doch so unter dem Verlust der indischen Schildkröte gelitten habe, es ist – ja, es ist einfach unverschämt! Man sollte dem Sultan mal ein Schildkröten-Süppchen anbieten! Das war der erste Satz, mit dem er sich verraten hat. Und dann kam es noch schlimmer! ›Ich würde die Schildkröte auch schlachten.‹ Das war der entscheidende Satz und der entscheidende Fehler.«
»Bitte, hör auf damit«, ruft nun schluchzend die Musiksklavin unter dem Kopfkissen hervor.
»Misch dich nicht ein, das kann ich nicht vertragen!« ruft der Sultan zurück und wendet sich gleich wieder seinem Sohn zu.
»Ich würde die Schildkröte auch schlachten, hat der Betreffende gesagt! Hat er zu sagen gewagt! Was das bedeutet, wird erst richtig klar, wenn man weiß, wie sowas geht. Man hält der Schildkröte einen Köder vor, damit sie den Kopf aus dem Panzer herausschiebt, den

Hals lang macht und dann – zack! Ein Mann, der in der Küche so daherredet, der ist zu *allem* fähig! Und der Betreffende hat ja auch bei jeder Gelegenheit gezeigt, wie schnell und geschickt er ist und wie kräftig. Jaja, erst geschickt im Umbringen und dann schnell auf der Flucht...! Alles kein Wunder bei einem Mann, der aus dem großen Schilfgebiet kommt. Dort reden so einige nicht bloß gefährlich daher, sie sind es auch! Na jedenfalls, der Bursche sitzt im Kerker. Außer dem dicken Abu Dulaf sind alle Großwesire und Wesire mit mir der Meinung, daß es richtig war, ihn einzusperren. Denn jedem, der denken kann, ist völlig klar: Einer, der nach dem Mord an der Schildkröte in diesem Palast eine Schildkröte schlachten will, der muß zum Kreis der Verschwörer gehören!«

Ruhelos geht der Sultan auf und ab; die Ader auf seiner Stirn ist angeschwollen. Achmed steht noch immer am Tischchen mit dem goldenen Kobrakopf neben der Wasserpfeife. Sein Mund ist weiterhin trocken, sein Herz pocht rasch. Nur mühsam kriegt er die Frage heraus, wie der Mann heißt, der in den Kerker kam.

»Den Namen hab ich im Moment vergessen«, antwortet der Sultan. »Ich weiß nur: der ist ziemlich neu in der Küche. Man hat ihn bei einem der Jagdausflüge im Schilfgebiet entdeckt und gleich mitgenommen – damals, beim Besuch des Maharadschas.«

Achmed hört sein Herz dröhnen, als er nun fragt: »Heißt der zufällig Halid?«

»Ja, richtig, stimmt, so heißt er. Fällt mir jetzt wieder ein: Halid...«

Der Sultan wirft einen Blick auf seinen Sohn. »Was ist denn plötzlich los mit dir? Wirst ja ganz grün um die Nasenspitze...«
»Aber der Halid – also der tut doch keinem was zuleide! Der hat nur Schilfhalme flachgeklopft und Haferkörner – der würde doch nie – der würde niemals...«
»Nun fang nicht auch noch an zu heulen! Genügt schon, wenn die Laila hier rumflennt! Ich will sowas nicht haben, schon gar nicht am Vormittag! So, und dann will ich dir mal etwas mitteilen, grundsätzlich, was du noch lernen mußt, mein Herr Sohn: Wenn man mit einem anderen mal ein bißchen geplaudert hat, so weiß man noch nicht das Geringste über ihn! Und wenn dieser Sklave noch so nett zu dir war – weißt du, was in seinem Kopf vor sich ging? Und überhaupt: Was weißt du schon von den Menschen?! Wie gefährlich die sein können, auch wenn die einem harmlos vorkommen! Über dieses Kapitel muß man mir als Herrscher nichts mehr erzählen, ich weiß inzwischen Bescheid. Aber damit du beruhigt bist: bevor ich den Wächtern befahl, ihn zu greifen und einzusperren, habe ich mich genau über ihn erkundigt! Und zwar bei Leuten, die ihn kennen müssen!«
»Jaja, das war bestimmt der alte Knacker, der im Eßraum. Der war das ganz bestimmt!«
»Ich bin zwar nicht verpflichtet, dir diese Auskunft zu geben, aber bitte schön: Der war es. Als treuer alter Diener hat er mir zuverlässig Bericht erstattet über diesen Burschen und seine verdächtigen Äußerungen, sein verdächtiges Verhalten. Wenn jemand weiß, welch ab-

scheuliche Tat hier im Palast, im Säulensaal begangen wurde, und wenn er trotzdem anbietet, eine Schildkröte zu töten, für ein sogenanntes Süppchen – so jemand ist auch zu einem *Mord* fähig!«

An seinem Vater vorbeiblickend, merkt Achmed, daß Laila aus dem Zimmer huscht, sich beide Ohren zuhaltend. Und Achmed ruft: »Das mit dem Schildkröten-Süppchen, das war doch bloß ein Witz! Er hat es mir ganz von selbst erzählt. Und das mit dem Schlachten, das hat bestimmt der alte Knacker erfunden. Der kann den Halid nicht leiden. Nur weil er schon mal einen Scherz macht. Und weil er aus dem Großen Schilf kommt. Und du, du glaubst diesem blöden alten Kerl, der einem dauernd bloß Eier und Mus zum Frühstück geben will! Der wollte den Halid nur loswerden. Du mußt den unbedingt wieder freilassen, ganz, ganz unbedingt!«

»Seit wann sagt ein Sohn seinem Vater, was er tun muß?! Hast du das von diesem aufmüpfigen Burschen gelernt? Wecke nur nicht meinen Zorn! Was ich mache, das entscheide *ich*! Da lasse ich mir nicht einfach so dreinreden! Schon gar nicht von so einem Grünschnabel! Überhaupt von keinem in der Familie! Sowas hat mal deine Mutter versucht, aber das war nicht gut für sie! Wenn ich etwas vorhabe, berate ich mich nur mit meinen Wesiren und Großwesiren! Bist du vielleicht ein Wesir? Nein, denn ich pflege mir meine Berater genau auszusuchen! Und meine Familie halte ich aus Beratungen heraus. Sonst gibt es nichts als Durcheinander, als Durch- und Durch- und Durcheinander! Wenn du mal Sultan bist, so wirst du dir auch nicht einfach so

dreinreden lassen – nicht mal von deinem eigenen Sohn, von Achmed Ibn Achmed!«
Der Hals des Jungen ist so trocken, daß seine Stimme krächzt. »Aber der Halid hat ganz, ganz, ganz bestimmt nichts damit zu tun! Du mußt den unbedingt wieder freilassen. Am besten heute noch!«
»Das höre ich jetzt schon zum zweitenmal: *Du mußt*... Du wagst es, mir zu sagen: *Du mußt!?* Das geht zu weit! Sowas nehme ich nicht hin! *Du mußt!!* So einen Tonfall dulde ich nicht! Also verschwinde. Ich will dich heut nicht mehr sehn. Und morgen auch nicht. Und die ganze Woche nicht. Auch die nächste Woche nicht. Raus!«

Kurze Zeit später reitet Achmed durch den Garten zur Hinteren Pforte. Die Wächter lassen ihn auch diesmal durch – sie müssen nur aufpassen, daß niemand eindringt. Sie heben zum Gruß die Krummschwerter; ihr Blinken erschreckt das weiße Pferd schon längst nicht mehr.
Sobald er im Freien ist, treibt er *Morgenwind* zum Galopp an. Während sie dahinjagen, stößt Achmed ein paar Wutschreie aus. Sand und Staub wirbeln unter den Hufen auf. Ganz fern, jenseits der flimmernden Ebene, sieht er das Gebirge.
Als das Pferd erschöpft ist, fällt es in den Trab, dann in den Schritt. Hinter sich hört Achmed nun schnellen, dumpfen Hufschlag. Er muß sich nicht umschauen, er

kann sich schon denken, wer ihn verfolgt. Und schon ist der erste Reiter neben ihm, der Offizier der Palastwache.
»Du bist ein sehr guter Reiter!« ruft ihm Utman zu. »Aber wie du siehst, bin ich ebenfalls ein sehr guter Reiter. Und meine beiden Freunde hier sind es auch.«
Die vier Pferde schnauben und stampfen auf dem Weg: das weiße, das schwarze, die beiden braunen. Achmed nickt Utman zu. »Ja, ihr seid sehr gute Reiter. Man müßte aber mal rauskriegen, wer von uns vieren der allerbeste Reiter ist. Was haltet ihr davon, wenn ich euch zu einem Wettreiten herausfordre? Gleich morgen? Es gibt auch Preise! Also Ringe mit Türkisen, mit Lapislazuli, mit Diamanten. Ich hatte sie mal in die Mähne von *Morgenwind* geflochten, vor dem Sprung ins Wasserbecken; seither liegen sie in meinem Zimmer. Ich würde sie morgen mitbringen. Das alles muß aber streng geheim bleiben.«
»Das hört sich gut an«, ruft Utman. »Aber wie sollen wir ein Wettreiten veranstalten, und keiner erfährt davon?«
Achmed weiß eine Antwort: »Ich werde morgen wieder durch die Hintere Pforte hinausreiten. Und zwar zu früher Stunde. Dann verfolgt ihr mich. Aber morgen reite ich nicht bloß so ein Stück in die Ebene hinaus, morgen reite ich Richtung Gebirge. Ihr müßt mich dorthin verfolgen.«
»Ja, das ist ein guter Plan!« ruft Utman. »Wir machen ein Wettreiten – und alle im Palast denken, wir verfolgen dich!«

Während sie zum Palast zurückreiten, in leichtem Trab, beschreibt Utman einen Weg, der Achmed an einigen Brunnen vorbeiführen wird – Pferd und Reiter müssen zwischendurch ja auch mal saufen. Achmed prägt sich die Route ein.

»Und wie sieht es mit Verpflegung aus?« fragt er. »Mit dem Haferbrei ist es bei mir aus und vorbei. Und den Dienerknacker, den will ich nicht mehr sehn, der verdächtigt andre Leute, die ihm nichts getan haben. Von dem nehme ich kein Ei mehr an!« So schlägt er vor, daß einer der drei Offiziere in die Stadt reitet, in die Basarstraße, und ein paar Pfannkuchen kauft, die dort von Frauen gebacken werden.

»Ja«, ruft einer der jungen Offiziere, »Pfannkuchen mit Heuschreckenmus drauf und zusammengeklappt – lecker!« Er will für jeden drei Stück kaufen, als Proviant für den ersten Tag, dann wird man weitersehen…

Gemeinsam reiten sie durch die Hintere Pforte. »Wir haben den Ausreißer gefangen!« ruft Utman allen zu, die dem Grüppchen entgegenkommen. »Der Prinz kann uns nicht entwischen, das hat sich wieder mal gezeigt. Und wenn wir bis ans Ende der Welt reiten müßten – wir holen ihn zurück!«

Das gibt Beifall. Und der Junge tut so, als wäre er ganz geknickt, weil man ihn wieder mal eingeholt hat.

Früh am nächsten Morgen steht Achmed auf – er wird vor Aufregung mit dem allerersten Licht wach. Er gibt *Morgenwind* zu fressen und zu saufen.
Dann zieht er aus einem Versteck unter dem Bett das Stück Schilfrohr heraus, das Asida ihm geschenkt hat.
Er öffnet es, steckt den Zeigefinger in den schwarzen Puder, streicht ihn auf die Haut über den Augen, neben den Augen, unter den Augen. Sorgfältig verschließt er das Rohr, legt es zurück ins Versteck, holt dort eine lederne Schnur heraus, an der die Ringe hängen, verknotet das Lederband im Nacken.
Rasch reitet er aus dem Palast und in den Garten, am Teich vorbei, in dessen Wasser die Flamingos auf einem Bein stehen, die Schnäbel noch in den Flügelfedern. Schon ist Achmed an der Hinteren Pforte, an der auch zu dieser Morgenstunde Wächter stehen. Bereits vor dem offenen Tor beginnt er zu galoppieren. Und er dreht sich um: die drei jungen Offiziere galoppieren hinter ihm her.
»Diesmal werde ich denen entkommen!« schreit Achmed den Wachen zu, damit sie das später melden können. Schon ist er auf dem Weg, den er »Pferdeweg« nennt. Er reitet vom Palast, von der Stadt weg nach Osten, der aufgehenden Sonne entgegen. Als Palast und Stadt weit genug hinter ihm liegen, hebt er den Arm, geht in zügigen Trab über. Er schaut sich um: ja, auch die Offiziere reiten nun im Trab. Noch einmal hebt er den Arm, läßt das Pferd im Schritt gehen. Die drei hinter ihm tun das ebenfalls.
Sobald sein Pferd sich etwas ausgeruht hat, stößt er den

Arm zweimal senkrecht in die Luft und beginnt zu traben. Die Offiziere verstehen auch dieses Zeichen, sie traben ebenfalls. Achmeds Vorsprung wird etwas größer.
Am ersten Brunnen hält er, zieht einen Ledereimer Wasser hoch, gibt dem Pferd zu saufen, trinkt selber. Die drei Reiter treffen ein, auch sie tränken ihre Pferde. Und jeder Reiter erhält einen Morgen-Pfannkuchen, zusammengerollt. Als die verspeist sind, reitet Achmed los.
Die Offiziere warten, bis er wieder seinen Vorsprung hat, folgen ihm dann. Die vier reiten im Schritt, im Trab, im Galopp und wieder im Trab, im Schritt. So geht das weiter bis zum Mittag. Auf Achmeds Zeichen machen alle vier wieder eine Pause und verzehren die Mittags-Pfannkuchen. Weil die Pfannkuchen nicht besser werden auf dem langen Ritt, verputzen sie gleich auch noch die Abend-Pfannkuchen. Achmed wischt mit dem Handrücken über die Lippen. Und schon geht es weiter, im Schritt, im Trab, im Galopp, im Trab, im Schritt, bis zum Abend, zum nächsten Brunnen. Dort muß Achmed noch etwas länger auf die drei Reiter warten, also hat er an diesem Tag gewonnen.
Das weiße, das schwarze und die beiden braunen Pferde werden getränkt, jeder Reiter zieht den Ledereimer am Seil aus dem Brunnen. Anschließend trinken sie selber.
Von einem Zelt, das einige Steinwürfe vom Brunnen entfernt aufgeschlagen ist, reitet ein junger Mann heran, ohne Sattel, mit nackten Füßen. Im Namen seines Va-

ters lädt er sie ein. Und der junge Mann trabt vor ihnen her zum Zelt.
Es besteht aus schwarzem Tuch; die südliche Zeltwand ist hochgezogen; hier brennt ein kleines Feuer. Sie reiten auf eine Ecke zu, binden die Pferde an Zeltpfosten fest.
Mit verschränkten Beinen sitzt der Herr des Zeltes auf dem Boden. Sein Gewand ist aus dunkler Baumwolle; auf dem Kopf ein Baumwolltuch, zur Ghutra gebunden. Er lädt die Fremden ein, Platz zu nehmen.
Achmed und die drei Offiziere setzen sich zu ihm. Der junge Mann beginnt nun, in einer Steinschale geröstete Kaffeebohnen mit einem Stößel kleinzustampfen – ein sehr gleichmäßiges Geräusch. Mehrere Messingkannen stehen vor ihm mit schmalen, langen Schnuten. In der größeren Kanne brüht er den Kaffee auf, läßt ihn über dem Feuerchen nochmal kurz aufkochen.

Währenddes schweigen die Männer. Das Zelt ist durch einen bunten Teppich aufgeteilt, der an Schnüren hängt. Hinter dem Teppich hört Achmed Frauenstimmen und Arbeitsgeräusche. Auch dort knackt ein Feuer.
Der junge Mann füllt sechs kleine Tassen zur Hälfte mit Kaffee, verteilt sie. Die erste erhält sein Vater, die zweite Achmed, weil Utman dem jungen Mann ein Zeichen gibt. Dann bekommt Utman eine Tasse, danach die beiden anderen Offiziere, zuletzt nimmt sich der junge Mann ein Täßchen.
Als die leer sind, geht der junge Mann mit der Messingkanne herum. Achmed schüttelt seine Tasse zum Zeichen, daß er genug hat. Die anderen lassen sich nachschenken. Hinter dem Teppich wird offenbar fleißig gearbeitet.
Schließlich wendet sich der Gastgeber an Achmed. »Du bist ein Sohn der Wüste? Das Schwarz um deine Augen verrät es mir.«
Der Junge senkt ein wenig den Kopf. Darauf lädt der Herr des Zeltes Achmed und seine Begleiter ein zu einer Wüsten-Mahlzeit. Und er bittet sie, auch über Nacht seine Gäste zu sein.
Über dem Zwischenteppich, am Rand des Teppichs, tauchen nun schwarz verschleierte Frauenköpfe auf, schauen zu den Gästen, verschwinden gleich wieder.

Früh am nächsten Morgen reiten sie los. Auch diesmal ist Achmed bald an der Spitze. Als sie die ersten Ausläufer des Gebirges erreichen, hat sich einer der drei Offiziere wundgeritten, auch wegen der Hitze. Er bleibt an einem Brunnen zurück, will auf sie warten. Bestimmt wird er die Nacht nicht allein verbringen müssen; nachts wird an jedem der Brunnen ein Zelt aufgeschlagen. Und die Gastfreundschaft in der Wüste ist groß.
Einen halben Tag später gibt der zweite Offizier auf: er kann auch nicht mehr im Sattel sitzen. Und liegen kann er vorerst nur noch auf dem Bauch. Zum Glück hat er eine Pflanzensalbe mitgenommen, die streicht er auf die offenen Hautflächen. Er wartet ebenfalls an einem Brunnen.
Diesmal wird Utman Sieger des Tages. So muß sich der Wettstreit im Gebirge entscheiden. In dieser Nacht sind Achmed und Utman wieder Gäste eines Beduinen, der mit Familie und Herde umherzieht.
Am nächsten Morgen reiten Achmed und Utman zu einem Gebirgspaß. Dort, so haben sie ausgemacht, ist das Ziel des Wettritts.
Achmed erreicht ihn als erster. Sobald Utman den Jungen stehen und winken sieht, zügelt er sein Pferd. Er ist erschöpft, er will sich das letzte Stück ersparen. Der Junge hat deutlich gewonnen. Und doch reitet er weiter, zum nächsten Gipfel hinauf. Zwischendurch galoppiert er sogar auf Steinschrägen, läßt seinen Schimmel über Felsspalten springen, die tief sind.
Als er den Gipfel erreicht, stößt er einen Schrei aus, der

dem Wiehern eines Pferdes gleicht, wirft den Kopf in den Nacken.

In weitem Halbkreis umgeben diesen Gipfel ungefähr gleich hohe Berge. Jeden von ihnen zeigt Achmed seinem Pferd, gibt jedem einen neuen Namen: »Das ist der Roßberg. Dahinter das Pferdemassiv. Rechts davon die Stutenzinne. Ein Stück weiter der Rappenfels. Danach die Mährenkuppe, der Klepperstein. Der Doppelberg rechts davon sind der Roßkopf und der Roßstein; dazwischen der Roßgrat. Schräg dahinter der Schimmelkegel.«

Sobald der Sultan nach der Rückkehr der vier von der ›Verfolgungsjagd‹ bis ins Gebirge hört, läßt er seinen Sohn zu sich kommen. Und zwar offiziell, zu einer Audienz im Thronsaal.
Natürlich erscheint der Prinz auch hier nicht zu Fuß, wie das üblich ist; er reitet in den Saal, hält vor den Thronstufen an. Zehn Schritte hinter dem Thron ein Halbkreis von Großwesiren und Wesiren, die feierlich und amtlich dreinschauen.
Achmed verneigt sich auf seinem Pferd. »Allah sei mit dir.«
Der Sultan gönnt seinem Sohn nur ein kurzes Nicken. Mit zusammengekniffenen Augen mustert er Achmed. Dessen Gesicht ist fast so braun wie ein Pferdefell; seine Zähne sind gelb wie Pferdezähne, nur nicht so groß; seine Haare sehen aus wie eine Pferdemähne, die selten gepflegt wird: lang und verfilzt.
»Ich höre von einem tagelangen Verfolgungsritt ins Gebirge«, sagt nun der Sultan. »Ich höre von lebensgefährlichen Sprüngen über Felsklüfte – denkst du eigentlich nie daran, daß du eines Tages als Sultan auf diesem Thron sitzen sollst?«
Prinz Achmed schaut an seinem Vater vorbei zu einem

der Fenster. Der Sultan blickt auf das Uhrpendel, das der Uhrendiener schwingen läßt; nach einem Dutzend Pendelschwüngen spricht er weiter. »Wieso hast du einen derart gefährlichen Ritt unternommen?«
Achmed schaut seinen Vater an, doch der blickt genau an ihm vorbei. Die Wesire und Großwesire aber schauen den Jungen gespannt an: zwanzig Gesichter zeigen gestrenge Falten.
»Warum fragst du das hier, vor all den Herren?« möchte Achmed wissen.
»Weil viele von ihnen gesehen haben, wie die Offiziere dich zurückgebracht haben. Die drei jungen Herren haben übrigens ein paar Tage Urlaub erhalten, zur Belohnung. Es war ja nun das letztemal, daß du ausgerissen bist. Aber nun möchten wir alle den Grund erfahren für diesen tagelangen und schließlich sogar lebensgefährlichen Ritt.«
Die Gesichter der Wesire und Großwesire wirken jetzt noch gestrenger. Die Haut der älteren Würdenträger sieht aus wie Pergament; während sich das in Falten legt, glaubt Achmed leises Knistern zu hören. Sein Blick sucht Zuflucht beim Sultan, der aber schweigt und schaut an ihm vorbei, als wäre der Junge gar nicht im Raum. Achmed schiebt die Hände in die Pferdemähne.
»Nun red schon!« schreit plötzlich der Sultan. Auf seiner Stirn beginnt sich die Zornesader aufzupumpen.
»Ich habe diesen weiten Ritt gemacht, um dir zu zeigen, daß ich auch bis Indien reiten kann. Und wenn ich bis Indien komme, finde ich auch den Weg zurück. Dann weißt du endlich, wie es deinem Freund, dem Mahara-

dscha im Gefängnis geht. Erlaub mir also bitte, daß ich diesen Ritt unternehme. Die drei Offiziere können mich ja begleiten – sobald alles bei denen verheilt ist.«
Der eine und andere Würdenträger zeigt ein kleines Lächeln, aber dieses Lächeln verkneifen sie sich gleich wieder und blicken noch gestrenger zum Jungen, der im Saal auf seinem reglosen Pferd sitzt.
Der Sultan schaut Achmed drohend an: »Ob mit Offizieren, ob ohne Offiziere – dieser Ritt nach Indien findet nicht statt! Darüber wird von jetzt an kein Wort mehr geredet! Ich hab dich vielmehr kommen lassen, um dir mitzuteilen, daß du für den Ritt ins Gebirge bestraft wirst. Ich verbiete dir erstens alle Ritte, die aus dem Palast und dem Garten hinausführen. Ich will zweitens kein Wort, kein einziges Wort der Pferdesprache mehr hören! Ich verlange drittens von dir, daß du nur noch lernst, was du als Sultan später einmal wissen mußt und brauchen wirst. Sag, daß du mich verstanden hast!«
Der Junge schweigt. Das Pferd aber spürt seine Unruhe, es beginnt zu schnauben, zu stampfen.
Die Zornesader auf der Stirn des Sultans wird noch dicker. »Ich werde bei jedem der drei Punkte darauf achten, daß er streng befolgt wird. Es wird überhaupt von jetzt an alles strengstens befolgt, was ich, Suleman Ibn Suleman, sage und befehle. Ich werde in keinem Punkt mehr nachgeben! Wer es wagt, etwas gegen mich zu sagen oder zu unternehmen, der muß damit rechnen, daß ich sofort zurückschlage. Das sollen sich auch diejenigen merken, die etwas mit dieser Verschwörung ›Im

Zeichen der Schildkröte‹ zu tun haben. Es wird von jetzt an nur noch getan, was ich sage. Wo das nicht geschieht, wird meine Antwort gnadenlos sein, gna-denlos!«
Der Sultan hat das in den Saal geschrien. Nun wendet er sich seinem Sohn zu. »Und du erklärst jetzt allen hier, daß du mich verstanden hast. Daß du mit gutem Beispiel vorangehst. – Nun mach schon!«
Mit leichtem Schenkeldruck setzt Achmed das Pferd in Bewegung, reitet vor dem Thron im Kreis. Auf der Stirn des Jungen beginnt sich ebenfalls eine Zornesader abzuzeichnen. Und er ruft: »Drei Pferde trabten auf einem staubigen Pferdeweg zur Pferdehauptstadt und wieherten.«
»Dies ist nicht die Antwort, auf die ich warte!« schreit der Sultan, und die Zornesader auf seiner Stirn wird noch länger. Auch die Ader auf der Stirn seines Sohnes ist gewachsen. Noch rascher läßt er das Pferd im Kreis gehen und ruft: »Ein Pferdehändler übergab einem Pferdeknecht ein Pferd samt Pferdegeschirr, Pferdesack und Pferdefutter. Der Pferdeknecht führte das Pferd erst auf eine Pferdekoppel, dann in den Pferdestall!«
Die Gesichter der Wesire und Großwesire sehen aus wie gefroren. Sie richten die Blicke auf die Seitenwände, um dem Sultan nicht auf den golddurchwirkten Turban und in den Nacken schauen zu müssen. Sultan Suleman macht eine heftige Armbewegung – als würde er in die Luft schlagen. »Ich warte noch immer auf die Antwort! Aber nicht mehr lange!«
Achmed bringt das Pferd auf Trab und ruft, während es

vor dem Sultansthron im Kreis läuft: »Zwei Pferde trabten in einer Reithalle. Das erste Pferd sagte zum zweiten Pferd: Ich habe neulich mit einem Pferd gesprochen, das ein berühmtes Pferd gesehen hat, wie es im Galopp auf einer Reitbahn andere Pferde überholte und ihnen dabei folgendes zurief: Zwei Pferde trabten in einer Reithalle. Das erste Pferd –«

Der Sultan ist aufgesprungen, steht vor dem Thron. Die Zornesader ist nun so dick, als würde sie platzen, und die Knöchel seiner Fäuste sind weiß. Er brüllt: »Schweig! Schweig endlich! Ich will kein Wort mehr von dir hören! Hast du mich verstanden?! Ich will kein einziges Wort mehr von dir hören!«

Schweigend läßt Achmed sein Pferd im Kreis traben und springt schließlich über den Marmortisch, auf dem die chinesischen Schalen mit Früchten stehen. Jeder weiß, daß der Prinz schon oft über diesen Tisch gesprungen ist, daß dabei nicht die kleinste Ecke herausgeschlagen wurde – um so erschrockener sind nun die Wesire, die Großwesire, der Sultan: Schalen zerklirren, Scherben schliddern über den Boden, Granatäpfel, Feigen, Datteln kollern herum.

Weil der Prinz nun auf sie zugaloppiert, reißen die Türsteher ängstlich die Doppeltür auf: *Morgenwind* dröhnt hinaus. Und Achmed schreit: »Ein Pferd kam in die Pferde und stahl dem Pferd ein Pferd, da nahm der Pferd den Pferdel und schlug das Pferd entpferd, drauf kamen viele Pferde und gruben ihm ein Pferd, drauf setzten sie den Pferdpferd, auf dem geschrieben ward: Ein Pferd pferd in die Pferde und pferd dem Pferd ein

Pferd, da pferd der Pferd den Pferdel und pferd das Pferd entpferd, drauf pferdeten viele Pferde und pferdeten ihm ein Pferd, drauf pferdeten sie den Pferdpferd, auf dem gepferdet ward: Pferd Pferd pferd in die Pferde…«

Prinz Achmed galoppiert zum Stallgebäude, springt am Stalltor freilich nicht ab, zügelt nur den Schimmel, reitet in den Gang, ruft den Pferdeknechten mit den braunen Arbeitsturbanen zu, sie sollen sämtliche Pferde losbinden und vor den Stall treiben.

Gleich erscheint der Stallmeister und befiehlt den Knechten, die Pferde im Stall zu lassen. Er will sich in den Eingang des Stallgebäudes stellen, damit sein Befehl auch befolgt wird. Doch nun sieht er auf der Stirn

des Jungen die Zornesader, und winkt ab: »Ist ja schon gut...« Er zieht sich zurück, will nichts von dem sehen, was nun geschieht.

Die Pferdeknechte binden die Pferde los, treiben sie rufend und schreiend und händeklatschend auf den Vorplatz. Gleich trabt der Prinz mit seinem weißen Pferd an. Und alle 48 Pferde folgen ihm, in dichtem Pulk. Schon beginnt Achmed zu galoppieren. Sofort gehen alle 48 Pferde hinter ihm in Galopp über: eine Masse von braunen und grauen und schwarzen Pferden; mittendrin das weiße Pony.

Der Prinz lenkt *Morgenwind* zum nächsten Blumenbeet, treibt das Pferd aber nicht an zum Sprung, läßt es vielmehr durch die Blumenfläche galoppieren, daß Blütenfetzen und Blattstücke fliegen. Die anderen Pferde galoppieren gleichfalls durch die Blumenbeete, zerfetzen, zerstampfen die Blüten, die Blätter, die Stengel, sogar die Blumenwurzeln, wirbeln mit den Stollen Erde hoch, folgen weiter dem Pferd des Prinzen, der zum nächsten Blumenbeet galoppiert und quer hindurchprescht.

Dabei hält ihn keiner der Gärtner auf, vielmehr rennen sie in alle Richtungen davon, lassen Hacken, Spaten, Kannen liegen – und schreien.

Ebenfalls schreiend der Prinz, aber es ist kein Angstgeschrei, es ist ein triumphierendes Schreien: »Und Pferdewurz und Pferdefuß und Pferdefarn und Pferdehalm und Pferdeglocke, Pferdeschwanz und Pferdelilie, Pferdekraut!«

Im Thronsaal laufen erst einige Diener, dann die We-

sire, danach die Großwesire und schließlich der Sultan zu den Fenstern der Gartenseite: die Pferde galoppieren in weiten Runden über die Blumenbeete und Grasflächen, hinterlassen eine breite, braune Trampelspur.
»Sofort Schnelläufer zur Hinteren Pforte!« schreit der Sultan. »Die Wachen sollen ihm den Weg verstellen! Lauft, lauft, sonst gibt es Bastonade!«
Inzwischen reitet der Prinz auf den Teich zu. Da schlagen die Zierenten mit den Flügeln, trippeln startend über die Wasserfläche. Und die Flamingos holen das zweite Bein aus den Federn, setzen es ins Wasser, breiten die Flügel aus. Schon platschen die ersten Hufe ins Wasser, schon galoppiert der Pferdepulk durch den flachen Teich. Entenfedern stieben, Flamingobeine werden geknickt. Entenschreie, Flamingoschreie, Gärtnerschreie. Hoch spritzt das Wasser auf von den galoppierenden Pferden, die Felle glänzen im Sonnenlicht.
Und immer lauter der Schreigesang des Prinzen: »Und Pferdedecke und Pferdekoppel und Pferdeäpfel und Pferdemähne und Pferdekopf und Pferdefurz und Pferdeweg und Pferdefell und Pferdeluft und Pferdemeer und Pferdesonne und Pferdemond!«
Auf Anweisung eines Schnelläufers, der eine Abkürzung rennt, stellen sich vor der Hinteren Pforte die Wächter auf, zücken ihre Krummschwerter. Sobald aber Prinz Achmed auf sie zugaloppiert, vier Dutzend Pferde hinter sich, mit donnerndem Hufschlag, da rennen die Wächter schreiend auseinander. Schon galoppieren die Pferde hinaus in die Ebene, Staub wirbelt auf.

Keuchend und schreiend erreichen nun Gärtner, Palastwächter, Wesire, Großwesire und der Sultan das Parktor. Aber da sehen sie auf der Ebene Richtung Osten nur noch eine Staubwolke, in der sich etwas bewegt und rasch entschwindet.